実話をもとにした

道徳
ノンフィクション
資料

永田繁雄
山田　誠
［編］

図書文化

まえがき

子どもの心を揺り動かし，目覚めさせたい。そして，子ども自らが生きることの尊さや素晴らしさを感じ取り，かけがえのない自己の生き方を実現していってほしい。それは教育に携わる私たち一人一人の変わらない願いである。

いま，自立心や自律性，規範意識，人間関係を形成する力が不十分であるなど，子どもの心の成長の不安が様々に指摘されている。また，知識基盤社会ともいわれる現在，常に新しい情報が生み出され，その内容もつかみどころのない変化を伴っている。そのような中だからこそ，子どもの心の豊かさをはぐくむ基盤としての道徳教育の重要性が増している。そして，その要としての道徳の時間も，心の成長の課題を踏まえた力強い展開が一層求められている。

道徳の時間には様々な資料が生かされる。私たちは，その魅力を生かし，子どもに何が大切かを教えるとともに，生きる上での悩みや葛藤，課題などを子どもと共有し，子どもが自己の生き方を豊かに考えられるように共に学ぶ構えで授業に臨む。その際に重要なこと，それは，道徳の時間の資料を多様に拓き，多彩な角度の内容を生かすことである。なかでも，ノンフィクション資料などの感動性や迫真性に満ちた資料が，従前にもまして求められている。

なぜ，そのような資料が，いま，特に期待されるのか。

平成９年，いわゆる「連続児童殺傷事件」など14歳を中心とした子どもたちの生命にかかわる事件が連続して起こった。そのとき，中央教育審議会が初めて「心の教育」という言葉を前面に出し，「新しい時代を拓く心を育てるために」と題する答申（平成10年６月）を提出した。そこでは，道徳の時間の資料を子どもが「つまらない」「いつも同じ」ようなものと感じる傾向が強いとして，「子どもたちの心に響く教材を使おう」という表題のもと，次のように指摘していた。

「現在の資料は，物語作品が多くを占めているが，その内容が子どもにとって結論の見え透いた空々しいものが少なくなく，例えば，実話を題材とするなど子どもたちに自分で考えることを促すようなものへと改善を図っていく必要がある。」

この答申は，道徳教育，とりわけ道徳の時間の資料の在り方を問い直す大きなきっかけとなった。文部科学省の道徳教育用教材「心のノート」が作成され，全国の児童生徒に配布されるようになったのも，この提言が重要な契機となっている。

しかし，その後も子どもがかかわる事件が止まず，心の問題の深刻さが指摘された。そして，新しい教育課程の改善につながる中央教育審議会答申（平成20年１月）でも道徳教育の充実の方向が様々な角度から示された。その中で，道徳の時間の資料についても，「最低限の規範意識，人間関係，生き方，法やルールなどの内容に関する教材を工夫するとともに，先人の生き方，自然，伝統と文化などといった人に感動を与える美しさや強さを浮き彫りにした題材を活用することを促進することが必要」であると強調している。

本書には，このような現在の課題に向き合うことのできる魅力ある資料がぎっしりと集結した。これらのいずれもが道徳教育に強い関心をもち，多彩な授業を試みている実践家の手によって生み出されたノンフィクション資料である。そこには，道徳の時間のよさを知り，日ごろから熱意ある授業に挑んでいる教師一人一人の思いや願いがそのまま表れている。

各学校，各教室においては，ぜひ，これらの資料を生かしていただきたい。そして，この資料開発の感覚を受け止めて，時には，資料を自作してみてはどうだろう。身近な出来事や現実の問題に心を向け，これだと思った題材に取材して，それをアレンジしてみるのである。私たちのほとんどは小説家などの作家ではないので，道徳資料を仕立てることは確かに難しい。しかし，資料作りは文学作品を生み出すのとは勝手が違うことも事実だ。

「もっと子どもの心を動かしたい」「目の前の子どもとこんなことを一緒に考えたい」

そのような願いに力がこもり，それが教師の心を資料の自作へと駆り立てる。資料の自作とは，まさに教師が子どもと共有したい生き方に触れながら，生きることの尊さを資料の中に手作業で織り込む営みにほかならない。

混迷の時代だからこそ，子どもが事実に学び，新鮮な感動をもち，生きることの意味をその根本から問い，本気になって考えることができるような授業をつくりたい。そして，私たち自身もそこから確かな手応えを得たいと思う。

本書が，これからの道徳の時間の資料の在り方と授業作りの可能性を切り拓く手掛かりの１つになればと願っている。

平成23年11月

本書編者

目次

第１部

これからの道徳教育とノンフィクション資料

1．新しい道徳教育と道徳資料

2．ノンフィクション資料のもつ意味

3．本書の道徳資料内容一覧

1．新しい道徳教育と道徳資料

永田　繁雄

1　新しい学習指導要領が新たに求める道徳の時間の資料

道徳の時間は，ねらいとする価値と，主たる資料で主題を構成して進めるものであると，小・中学校の「学習指導要領解説・道徳編」（以下「解説書」）に明記されている。したがって，資料の位置付かない道徳の時間はあり得ない。新時代の道徳教育の中でとりわけ強調されているのが，その資料の充実である。いまや，各都道府県や市町村の教育委員会で独自の副教材や郷土資料集を出すところも多くなり，道徳資料のすそ野は広がっている。

そのような気運の中，平成20年に公示された学習指導要領では，小・中学校ともに第3章の第3の3で，道徳の時間で配慮すべき事項の1つとして次のように明記された。

> 先人の伝記，自然，伝統と文化，スポーツなどを題材とし，児童（生徒）が感動を覚えるような魅力的な教材の開発や活用を通して，児童の発達の段階や特性等を考慮した創意工夫ある指導を行うこと。

ここで示す「教材」とは，道徳の時間の指導に位置付ける際には「資料」と呼ぶことが多いが，そのジャンルを，①先人の伝記，②自然，③伝統と文化，④スポーツなどと具体的に例示してまで資料の開発と活用を方向付けているのが今回の改訂の特色である。それほどまでに資料の充実が必要かつ切実な課題なのだといえる。

「解説書」が示すように，先人の伝記には多様な生き方が織り込まれ，生きる勇気や知恵，生きることの意味を考えさせるものが多い。自然を題材としたものには生命の尊さなどの視点から感性に訴える内容が多く，伝統と文化を題材としたものは郷土への愛情や誇りとともにそれを生み出す人への敬意などを感じさせる。また，スポーツを題材とした資料は挑戦心や力強さ，そのときの苦悩などが心に響いてくる。

これらに共通しているのは，社会的，科学的，歴史的な事実としてのよさを生かすことであり，これら全体が，いわゆるノンフィクションともいうべき資料群であるといえる。「ノンフィクション資料」とは，実話に基づく資料であり，虚構などや特別な脚色を用いないで実際の出来事に即して作られた資料である。これらの資料には事実のもつ迫力があり，そのリアリティが子どもの感性に直接訴え，豊かな感動を呼び起こすものが多い。平成20年公示の学習指導要領でこのような資料群が例示されたのは，子どもを心底から動かす力のある資料が今こそ渇望されているからにほかならない。

2　いま求められる魅力と迫力のある道徳の資料とは

道徳の時間の資料として位置づく教材は，道徳の時間としての特質が生きた授業の中で計画的に生かされるものである。「解説書」には，そのために具備すべき要件として次の5項目が示されている。

＜道徳の時間の教材（資料）の具備すべき要件＞

ア　人間尊重の精神にかなうもの
イ　ねらいを達成するのにふさわしいもの
ウ　児童（生徒）の興味や関心，発達の段階に応じたもの
エ　多様な価値観が引き出され深く考えることができるもの
オ　特定の価値観に偏しない中立的なもの

これらは，すべての資料に共通に備わることを求めていることがらである。

それに続いて，道徳教材（資料）が具備するよう努力すべき要件が示されている。重要な内容であるので，そのまま引き出すならば，次のとおりである。

＜道徳の時間の教材（資料）が具備するよう心掛けるべき要件＞

ア　児童（生徒）の感性に訴え，感動を覚えるようなもの
イ　人間の弱さやもろさに向き合い，生きる喜びや勇気を与えられるもの
ウ　生や死の問題，先人が残した生き方の知恵など人間としてよりよく生きることの意味を深く考えさせるもの
エ　体験活動や日常生活等を振り返り，道徳的価値の意義や大切さを考えることができるもの
オ　悩みや葛藤等の心の揺れ，人間関係の理解等の課題について深く考えることができるもの
カ　多様で発展的な学習活動を可能にするもの

平成20年の改訂で内容を充実して特に詳しく示したのが，この「心掛けるべき要件」である。ここからキーワードを抜き出すならば，例えば，「感性」「感動」「弱さやもろさ」「生きる喜びや勇気」であり，「生や死」「生き方の知恵」「よりよく生きることの意味」，そして「悩みや葛藤」などである。ここからは，とりわけ子どもの心に訴える資料，そして，生きる姿の現実に裏打ちされた資料が求められていることが十分にうかがえる。「ノンフィクション資料」とは，これらと同じ方向をもち，ここで求める要件に正面から応えていくことができる資料であるといえる。

3　道徳資料に魅力と迫力を生み出すための着眼点

では，このような魅力と迫力に満ちた資料を生み出すために私たちが着眼すべき点はどんなことだろうか。授業づくりの参考とするためにも，以下でそれを整理してみよう。

(1)　多様なジャンルの素材に着眼し感動性のある題材を選り抜く

まず，伝記，実録や実話，ニュース報道など，多様なジャンルの素材や題材に広く関心をもつよう，日常からアンテナを高くすることが重要である。資料の良し悪しの第一のポイントは題材のよさである。「解説書」でも「教師自身が感動を覚えてこそ，よい教材であるといえる」と示すように，教師自身の心に触れ，子どもとともに考えたいと強く感じる題材を積極的に選び抜くように努めたい。

(2)　話に起伏をもたせ道徳的価値を含むメリハリのある展開にする

次に，資料を生み出す際に，私たちが記述を飽和させがちなことに注意する必要がある。道徳資料は文学作品とはいくらか性格を異にする。作家が自己のモチーフを大切にして読み手に訴える文学的な教材と一定度異なり，その多くは1時間で生かすことができること，そこに道徳的価値がクリアに織り込まれていることなどが重要になる。

したがって，道徳資料は微細を語り過ぎず，話の流れが分かりやすくメリハリのあるものになっているほうが効果的な場合が多い。授業の中で詳しい記述の読み取りのみに力が入ってしまっては，子どもが自己の体験をそこに重ねたり，自分なりの感じ方や考え方を投影したりして，さらに自分の納得する考えを生み出すという手順に話し合いの方向をもっていくことが難しくなるからである。

(3)　主人公等の迷いや悩み，葛藤，満足感などの考えどころをつくる

そして，資料の中に，道徳の時間で生かすことを想定し，教師が手だてを打ちたくなる「仕掛け」ともいうべきものが自然な形で織り込まれていることが重要になる。

資料には，大きく言うならば次の2つの側面がある。

1つは「教え，伝える資料」である。いま大切なことを教えたい，調べて整理したことを理解させたい，という思いが中心になる。その際，分からせ，つかませる部分が丁寧に描き出される。偉人や歴史上の人物，現代のヒーローなどであると，特にその素晴らしさや凄さ，苦難を乗り越えたときの満足感などが強調されることが多い。このような視点に立つ資料の場合，「起承転結」の中で特に「結」の落としどころが重要になりそうである。

いま1つは，「考えさせ，心を動かす資料」であり，子どもの多様な考え方を引き出すことを主眼とした資料である。子どもが等身大の自分を資料中の人物の迷い悩む場面や，葛藤し心が大きく揺れ動く場面などに重ねる。そして，日常の体験や考え方を映し出して

自らの思いを多様に表現する。子どもに考えさせたいところだからこそ，言葉を減らしたりブラックボックスにしたりして，語りすぎないようにするのである。この場合，「起承転結」の中で，心が転々と転がる「転」の場面の構成が重要になることが多い。

その上で，資料の構成に際しては，これらの「転」や「結」の場面への着眼に留まらず，資料が「起承転結」の全体として子どもに気がかりや疑問などを感じさせ，問題意識を強く惹起させるようなテーマ性を織り込むように工夫するのである。資料のもつ価値や人物の生き方そのものを問うことも，欠かせない授業の在り方だからである。

そして，このような「仕掛け」の織り込みは資料が広く活用される重要なかぎとなる。

4　事実に裏打ちされた資料だからこそ留意すべきこと

また，事実を背景とし，それに裏打ちされた資料だからこそ，留意しなくてはいけないことがある。少なくとも，次のことは心に留めておかなくてはならない。

1つは，前述した「資料の具備すべき要件」を常に念頭に置くことである。ねらいとする価値が浮き彫りになりにくかったり，難しすぎたりする資料や，子どもに見え透いた資料，価値的な偏向が感じられる資料などとならないよう十分な配慮が必要である。

2つは，事実を尊重し，それに忠実に依拠することである。その範囲で描き，考えどころを設定するのであって，不用意に脚色をしたものはノンフィクション資料とはいえなくなる。そのためには，事前の十分な取材や調査などが必要になる。特に現存する人の事実を生かす場合などは，私たちの予見や予断で内容を構成したり活用したりすることのないよう特に気をつけなくてはならない。

3つは，人権にかかわる題材の生かし方に心を配ることである。社会的な事件，特に少年事件などの報道に頼った資料がよく見られるが，どの事件にも加害者と被害者双方に守るべき人権がある。また，障害のある人，病気に悩む人の表現の仕方が当事者を傷つけてしまう不安もある。それは作成する側とそれを生かす教師が最も留意すべきことである。

そして4つは，著作権等への配慮を欠かさないことである。インターネットや報道等で得た情報にも，それぞれの文や絵に著作権があり，人物の画像には肖像権がある。時に情報をそのまま生かしたような資料を見かけるが，それは資料自作というよりも単なるアレンジであり，まるごとの引用にも等しい。教育に関する著作権上の特例を勘案しても，資料の自作と活用には制約が大きいことを心得ておかなくてはならない。

これらに留意し，配慮の利いた資料を生み出し，生かすようにしたいものである。

2．ノンフィクション資料のもつ意味

山田　誠

1　ノンフィクション資料のもつ力

広島県のある中学校では数年前からノンフィクション資料を使った道徳授業を行うことにより，荒れていた学校がよみがえった。それは，「道徳なんてきれいごと」という生徒の一言がきっかけであったという。

よく見られる読み物資料を教材に用いた授業で，「友達から決まりを破って自分たちが得するようなことをしようと誘われたらどうするか」という教師からの問いかけに対して，この生徒は，「道徳なんてきれいごとだから，やらないという結論に決まっている」と答えた。ここから，教師たちのノンフィクション資料の開発が行われるようになり，やがて生徒たちが1週間でいちばん楽しみにしている授業が「道徳」になった。

このように学校や生徒を変えるノンフィクション資料のよさとは何であろうか。

ノンフィクション資料は実際にあった話なので，子どもたちが自分たちの問題として真剣に考える。例えば，「ゴミのポイ捨て」の問題を資料にした場合，ノンフィクション資料でなければ，「自分たちの住んでいる所は自分たちできれいにしなければならない。だから，一人一人が自分たちの住んでいる所を汚さないように心がけよう」という結論になる場合が多い。これは当たり前のことである。しかし，当たり前のことができないところに，様々な社会問題が生じてくる。例えば，日本のいくつかの地域では，タバコのポイ捨てに対して罰金を徴収することになっている。このような現実を資料にして子どもたちに考えさせると，なかなか結論は出ない。なぜなら，罰金という形で外から規制しないと当たり前のことができないという人間の弱さがあるからである。子どもたちは，この資料について考えることにより，自分の弱さと向き合うことになる。このように弱い自分と向き合ったうえで資料について真剣に考えることが，本当の意味での今次の学習指導要領に新たに示された「自己の生き方について考えを深める」ことにもなるのである。

また，ノンフィクション資料は，子どもたちに大きな感動を与える。そして，感動は，すばらしい方向に人の心を変える。例えば，全盲でありながら世界的なバイオリニストになった人を資料にした場合，子どもたちは，何度も壁にぶつかりながらも障害を克服して世界的なバイオリニストに成長していく主人公の生き方に深く感動する。そして，この感動は，子どもたち一人一人が自分の目標に向かってがんばろうとする大きな原動力となる。

もしこれが架空の出来事だったとしたら，子どもたちは深く感動することはなく，自分たちも困難に負けずにがんばろうという強い気持ちをもつにはいたらない。

ノンフィクション資料は，一言でいえば子どもの心を大きくゆさぶる「力のある資料」である。このような「力のある資料」が道徳の時間に数多く用いられるようになれば，道徳の時間がより活性化する。

2　ノンフィクション資料をどう生かす

⑴　子どもたちの多様な考えを引き出し活用する

ノンフィクション資料の活用の仕方として，子どもたちを１つの結論に導くのではなく，子どもたちの多様な考えを引き出すことに力点を置いた活用が考えられる。現実の出来事というのは様々な要因が重なり合って起こるものであり，ある１つの道徳的価値を教えるために創作された読み物資料と違って，すんなり１つの結論が出ないことが多い。

例えば近年，野生動物が人里に出没し，人間の生活を脅かす事件が起きている。この問題を取り上げた道徳資料がいくつかある。このような問題について，道徳の授業で子どもたちに考えさせると，簡単に結論は出ず，多様な考えが出る。人間が野生動物の住んでいる所を開発したため，そこに住めなくなった野生動物が仕方なく人里に出てきたのだから人間が我慢すべきだと考える子どもがいる一方で，どんな理由があるにせよ，人間の生活が脅かされるならば，野生動物を駆除するのもやむを得ないと考える子どももいる。この問題はいくら話し合っても結論が出ないことが多い。しかし，結論は出なくても，子どもたちは，自分と異なる友達の意見を聞くことにより，自分の考えを修正したり，広げたりする。このような授業を積み重ねることにより，子どもたちは，ものの見方・考え方を広げ，深めていく。

⑵　子どもたちの感動から意欲を引き出し活用する

子どもたちに大きな感動を与えることができるというノンフィクション資料のよさを生かした活用もある。そのような力のあるノンフィクション資料としては，例えば，スポーツ選手や偉大な業績を成し遂げた偉人を取り上げた資料があげられる。つまり，特定の人物を取り上げた資料が多く見られる。

よく道徳資料で取り上げられる人物として，オリンピックの金メダリストがいる。例えば，北京オリンピックで金メダルを獲った水泳の北島康介選手を取り上げる場合，北島選手が金メダルを獲得した場面だけに焦点を当てたのでは，子どもたちは，彼を身近に感じることはできない。なぜなら，オリンピックで金メダルを獲得する北島選手は，自分たちとは別世界の人間だからである。しかし，彼にもなかなか記録が伸びず，苦悩した時期があった。このように，金メダリストが悩み苦しんだ場面に焦点を当てて子どもたちに考えさせるとき，子どもたちは，金メダリストといえども自分たちと同じ人間であり，自分たちと同じように悩み苦しんだ末に，自分の目標を達成したことに感動する。そして，自分たちも，自分の目標に向かって困難に負けずにがんばろうという意欲をもつ。

⑶　映像資料との併用を図る

ノンフィクション資料を活用する場合，資料とともに写真やDVD等の映像資料を補助資料として生かすと，子どもたちの考えを深めたり，子どもたちに感動を与えたりするのに効果的である。

例えば，前述の「ゴミのポイ捨て」を資料にした場合，文章だけでなく，実際に町にゴミが散乱し汚れている映像を見せることにより，子どもたちは，より具体的にこの問題を認識し，理解を深めることができる。

また，前述の全盲のバイオリニストを資料にした場合，文章だけでなく，このバイオリニストの実際のバイオリン演奏をDVD等で視聴させることにより，子どもたちの感動はより大きなものとなる。

⑷　2時間扱いの授業展開も考える

これは，ノンフィクション資料に限った活用ではないが，2時間扱いの授業展開も考えられる。この場合の2時間扱いとしては，同じ道徳的価値を取り上げていて内容が異なる資料を2時間続けて学習する方法が有効である。例えば，前述の「ゴミのポイ捨て」を取り上げた資料として，1時間目はシンガポールの罰金制度に関する資料について学習し，2時間目は千代田区の罰金制度に関する資料について学習する。シンガポールと千代田区の罰金制度を比較して考えることにより，子どもたちはゴミ問題などに対する公徳心を一層深めていくことができる。

また，オリンピックの金メダリストを取り上げる場合も，1時間目は水泳の北島康介選手のように個人種目で金メダルを獲った選手について学習し，2時間目は，女子ソフトボールチームの上野由岐子選手のように団体種目で金メダルを獲った選手について学習する。個人種目におけるがんばりと，団体種目におけるがんばりを比較して考えることにより，子どもたちの「1つの目標に向かって努力する」ということに関する考え方が，より深められる。

⑸　各教科等との関連を図った授業展開を考える

ノンフィクション資料の効果的な活用として，各教科等との関連を図った授業展開が考えられる。例えば，「ゴミのポイ捨て」を取り上げた資料ならば，社会科と関連させることができる。野生動物と人間の共生を取り上げた資料ならば，理科と関連させることができる。自然破壊を取り上げた資料ならば，社会科や理科と関連させることができる。

新学習指導要領においては，各教科の「第３　指導計画の作成と内容の取り扱い」において，各教科等の特質に応じて道徳教育を行うことが明記されている。このような観点からも，ノンフィクション資料の特質を生かして，より積極的に各教科等との関連を図ることは，今後大いに推進されるべきである。

⑹　複数の道徳的価値を同時に学習する機会でもある

ノンフィクション資料は現実の出来事を題材にしているので，資料の中に複数の道徳的価値が含まれている場合が多い。通常，このような場合，１時間の授業では１つの道徳的価値にねらいを絞って授業を行う。しかし，例えば，レスキュー隊が勇気を出して人命救助を行ったという内容の資料を取り上げた場合，子どもたちはこの資料を通して，目の前の人の命を助けたいという強い気持ちが勇気の源になったということを学習する。つまり，生命尊重と勇気の２つの価値について同時に深めていくことになる。この場合，生命尊重と勇気を切り離して考えることは，道徳の学習として有効ではない。

⑺　いわゆる展開後段として自分の生活に即して考える話し合いを位置づけない授業があってもよい

道徳の一般的な授業展開としては，資料について学習した後，それを自分の問題として考える段階を置くことが多い。しかし，ノンフィクション資料のように，資料の内容が子どもたちの生活とかけ離れていて，しかも，子どもたちに深い感動を与えるような場合は，あえてそのような学習段階を置かないほうがよい場合もある。子どもたちが資料に描かれている崇高な世界に深く感動した後,「さあ，次は自分たちの生活について考えてみましょう」と問いかけたのでは，せっかくの子どもたちの感動がさめてしまう。子どもたちが感動の余韻に浸って終わる授業があってもよいのである。

また，ノンフィクション資料には様々な価値が含まれ，分量的にも多い場合がある。このような場合も，あえて展開後段での振り返りは行わず，資料についての学習にたっぷり時間をとってもよい。資料についての学習が未消化のまま，自分の生活について考えさせたのでは，せっかくのノンフィクション資料のよさが生かされないからである。

3．本書の道徳資料内容一覧

山田　誠

	タイトル	内容・領域	対象学年	内容と授業のポイント
1	**こころの目**	家族愛	小学校 中学年 （低学年）	目の不自由な郡司ななえさんは，盲導犬ベルナと一緒に生活している。ベルナは，郡司さん一家にとって大切な家族の一員である。ベルナの目が見えなくなったとき，ななえさんの子どものみきた君が「ぼくがベルナの目になる」と言った。みきた君の気持ちを考えさせることによって，家族のすばらしさを実感させたい。
2	**ひびけ！　大文字だいこ！**	郷土愛	小学校 中学年	福岡県大野城市に昔から伝わる大文字太鼓の練習に励む小学校3年の男子の話である。祖父の勧めで大文字太鼓を始めた主人公の明は，次第にやる気が薄れてきた。そんなとき，祖父から大文字太鼓の棟梁である大中さんの話を聞いた明は，再び太鼓への意欲を燃やすようになる。大中さんの生き方や明の姿から，子どもたちはふるさとの伝統や文化を守ることの大切さを理解するであろう。
3	**絶対，助けるんだ—東京消防庁ハイパーレスキュー隊—**	生命尊重	小学校 中学年	新潟中越地震の際，大量の岩にはさまれたワゴン車の中から命がけで男の子を救出したハイパーレスキュー隊員の話である。危険を承知で部下の隊員に男の子の救出を命じる隊長の葛藤について考えることにより，子どもたちは生命の大切さを実感するであろう。ノンフィクションの迫力が子どもたちに感動を与える。
4	**救　出—エルトゥールル号遭難—**	国際理解 （生命尊重）	小学校 中学年 （高学年）	1890年，トルコの軍艦エルトゥールル号が和歌山県沖で遭難した。この時，樫野の村人は総出で救助に当たった。それから120年後，イラン・イラク戦争の際，テヘラン空港でトルコ航空機が日本人を救う。この2つの出来事を通して，子どもたちは自国と他国との相互理解の大切さについて考えを深めるであろう。
5	**わたしたちのふるさとはどこへ**	自然愛	小学校 中学年 （高学年）	カモメの仲間で，オーストラリアなどから子育てのために日本にやってくるコアジサシの話である。日本の自然が失われていく中で，コアジサシのリトルも住み慣れた土地を追われたり，猫やカラスに襲わたりする。それでも日本を目指そうとするリトルについて考えることを通して，子どもたちの自然愛を深めたい。

6	**若葉町内会九年間の挑戦 ―ごみ減量大作戦―**	希望・努力	小学校高学年	若葉町内会で９年間にわたりゴミの減量に取り組んでいる人たちの話である。はじめのうちは住民の協力が得られず，挫折しそうになる。しかし，あきらめずにみんなで活動を続けていくうちに町内会全員でゴミの減量に取り組むようになってきた。体験活動と関連させるとより効果的である。
7	**村のお医者さん**	社会に奉仕する喜び	小学校高学年	河内村生板（現：茨城県稲敷郡河内町）の診療所で医師として地域の人たちのために一生懸命働いた医師，中原呉郎の話である。子どもたちは，中原医師の生き方から社会に奉仕する喜びを感じるであろう。「心のノート」（働くってどういうこと）の活用や体験活動との関連が考えられる。
8	**光あふれる園**	希望・努力	小学校高学年	20歳のときに失明しながらも，聖明園という目の不自由な老人のための施設を創った本間昭雄さんの話である。失明した当初は絶望の日々を過ごしていた本間さんだが，やがて祖父の言葉から福祉に一生を捧げる決意を固めた。多くの困難を乗り越えて自分の目標に向かい力強く生きる本間さんの生き方から，子どもたちは，困難に挫けず努力することの大切さを感じるであろう。
9	**いのち輝いて ―全盲のランナー高橋勇市―**	生命尊重	小学校高学年	17歳で目の難病にかかり，その後視力を失いながらもアテネパラリンピックで金メダルを獲得した高橋勇市さんの話である。深い絶望から自殺まで考えた高橋さんだが，母親の愛により立ち直り，パラリンピックを目指す。パラリンピックへの道は苦難の連続であったが，高橋さんは決してあきらめなかった。子どもたちは高橋さんの生き方から，生きることのすばらしさを実感するであろう。
10	**けがをしてよかった 四百十三球の戦い**	友情・信頼 希望・努力	小学校高学年	北京オリンピックで金メダルに輝いた女子ソフトボールチームのエース上野由岐子投手の話である。２つの資料による２時間扱いとし，１時間目は上野選手が高校時代に腰の骨を折ったことをきっかけに仲間の大さを知ったこと，２時間目は北京オリンピックで金メダルを獲るまでの上野選手の努力について考えさせる。
11	**ヘレン・ケラーが目標にした日本人**	敬虔	小学校高学年	ヘレン・ケラーが生き方のお手本にした塙保己一という江戸時代の国学者の話である。目の不自由な保己一は自分のためでなく，世のため人のため熱心に学問に取り組み，偉大な業績を残した。子どもたちは保己一の生き方にふれることにより，自分のことより人のために生きた保己一に気高さを感じるであろう。

12	**二つのまんじゅう**	親切・思いやり	小学校高学年	終戦間近，少年は毎日，学校の帰り道にお金持ちの子どもが買った10個の飴の中から2個を分けてもらうが，かえってみじめな気持ちになる。それから約1年後の遠足で，少年は母が持たせてくれた2つの饅頭のうち，小さいほうを友達にあげる。この2つの出来事を通して，子どもたちに本当の親切について考えさせる。
13	**先達の背中を追って―第11代「まちかん」さん―**	伝統・文化	小学校高学年	埼玉県の川越市で昔から「まちかん」さんと親しまれている刃物屋さんの話である。11代目の宮岡さんの気持ちを考えることを通して，子どもたちに日本の伝統・文化を大切にしようとする心を育てたい。授業の中で地域の伝統文化に携わっている方をGTとして招くことも効果的である。
14	**足踏みミシンの修理屋さん**	勤労の尊さ・キャリア教育	中学校	群馬県の大泉町の「マスザワミシン」というミシン屋さんの話である。2代目主人の増澤昌司さんはどんなに古いミシンでも，たとえ部品がなくても，仕事を受けたら完全に使えるようにして返すことにしている。お客が喜ぶ姿を見て大きな喜びを感じる増澤さんの生き方から，生徒たちは，働くことの尊さを理解するであろう。
15	**新聞記事「いじめと生きる」**	誠実	中学校	小学生だった22年前，クラスの女子にひどいいじめをした女性の自責の念が書かれた2つの新聞記事である。これを2時間扱いの授業とし，1時間ごとに資料を提示する。いじめていた相手に「謝ってほしくない」と言われた加害者の思いについて考えさせることにより，自分と向き合って誠実に生きようという気持ちを高めたい。
16	**母がいてくれたからこそ……―隻腕の剣士，中山彰―**	家族愛	中学校	左腕しかない状態で生まれてきた中山さんが，大人になった今，自分の母への思いを振り返る話である。小学校1年のとき剣道を始め，高校3年のときインターハイ出場を決めた彼は，母親に電話で「ありがとう」と言った。この言葉に込められた彼の母親への感謝の気持ちを考えさせたい。
17	**グリーンファーザー―杉山龍丸の果てしなき夢―**	生命の輝き 国際理解	中学校	民間人でありながら，九州の自分の農園をすべて売却し，インド緑化のために一生を捧げた杉山龍丸さんの話である。インドの人々は，杉山さんのことを敬愛の念を込めて「グリーンファーザー」と呼んでいる。生命尊重・自然愛・国際理解について考えを深めることができる。環境教育と関連させることも効果的である。

◆各資料で示す学校段階・学年段階は，効果的に生かすことができると期待される段階を示していますが，資料提示の仕方や教師の補助によって，より幅広い学年段階で生かすことが可能です。ぜひ，弾力的にご活用ください。

第2部 道徳ノンフィクション資料

［小学校・中学年　４―⑶（低学年　４―⑶）・家族愛］

こころの目

山田　誠

目の不《ふ》自由な郡司《ぐんじ》ななえさんは、もうどう犬ベルナといっしょに生活しています。

ある日、ななえさんとベルナは、デパートへ買い物《もの》に出かけました。駅前《えきまえ》の交差点《こうさてん》で信号《しんごう》が青にかわりました。しかし、ベルナの歩き方がとてもへんなのです。

「どうしたの、ベルナ？」

ななえさんの手がベルナのおなかにさわったときです。

「ヒッ」

ベルナが小さくさけびました。

「さっき信号を待《ま》っているとき、あの男がタバコの火をおしつけていたんだよ。」

そばにいた人が、小さな声で教えてくれました。

「えっ！そんなひどいことをされていたの。」

ベルナは、おなかにひどいやけどをさせられていました。でも、じっとがまんしてなき声ひとつ上げなかったのです。

「ベルナ、ごめんね。あつかったでしょう。いたかったでしょう。こわかったでしょう。」

くやしくて、悲しくて、ななえさんの目から次々《つぎつぎ》となみだがこぼれてくるのでした。

それから何年かたち、ななえさんには「みきた君《くん》」という男の子が生まれました。

やがて、みきた君は小学校一年生になりました。ある日、みきた君は、クラスのみんなの前で、次のような話をしました。

「ぼくのお母さんは、目が見えません。だから、いつでももうどう犬のベルナちゃんといっしょです。そして、ぼくのことを、『こころの目』で育ててくれています。」

元気だったベルナも、十一才《さい》になりました。今日は、一年に一回のけんこうチェックの日です。

「ベルナの目は、ほとんど見えていません。もうどう犬の仕事《しごと》は、もうむりです。」

ベルナをみたお医者《いしゃ》さんは、言いました。

「やっぱり……だめですか。」

ななえさんの小さな声がしました。

ある日の夕食のときです。ななえさんが言いました。

「ベルナの目は、ほとんど見えないんだって。だからもう、もうどう犬のお仕事はできないの。それで、みんなともおわかれしなくちゃいけないんだけど、お母さんは、どうしていいかわからないの。」

ポロポロとなみだを流《なが》すななえさんの足下《あしもと》に、ベルナはしょんぼりとすわりこんでいます。

「お母さん、なかなくてもいいよ。これからは、ぼくがベルナちゃんの目になってあげるから！　そしたら、ずーっといっしょでしょう。」

みきた君が、とつぜんそう言ったのです。

「本当？　みきた、本当なの？」

ななえさんのうれしそうな声です。

「これからは、みきたがベルナを助《たす》けてくれるのかい？」

お父さんもうれしそうです。

そして、もっともっとうれしかったのはベルナです。

（みきた君、ありがとう！　本当にありがとう！）

ベルナは、今にもそんなことを言いそうなようすでへやの中をかけまわっていました。

［引用文献］

えほん盲導犬ベルナ②「ベルナもほいくえんにいくよ！」ハート出版

えほん盲導犬ベルナ④「ボクがベルナのめになるよ！」ハート出版

■ワークシート

こころの目

年　　組　　名前〔　　　　　　　　　〕

①みきた君は、どんな気持ちで「ぼくがベルナちゃんの目になってあげる」と言ったのでしょう。

②家族の役に立ちたいと思い、何かしたことがありますか。

学習指導案：こころの目

⑴　**主題名**　心で支えあう家族

〔小学校・中学年　4 −⑶（低学年　4 −⑶）・家族愛〕

⑵　**本時のねらい**

家族の一員として，お互いに協力し合って楽しい家庭をつくろうとする心情を育てる。

⑶　**本資料の概要**

目の不自由な郡司ななえさんは，盲導犬ベルナと一緒に生活しています。

ななえさんとベルナが買い物に出かけたとき，交差点で男の人がベルナのお腹にタバコの火を押しつけました。ベルナはお腹にひどいやけどをしましたが，じっと我慢して泣き声ひとつ上げませんでした。それを知ったななえさんの目からは，涙がこぼれました。

それから何年かたち，ななえさんに「みきた君」という男の子が生まれました。小学校1年生になったみきた君は，クラスのみんなの前で次のような話をしました。

「ぼくのお母さんは，目が見えません。だからいつでも盲導犬のベルナちゃんと一緒です。そして，ぼくのことを『こころの目』で育ててくれています。」

11才になったベルナが，1年に1回の健康診断を受けると，医者に次のように言われました。

「ベルナの目は，ほとんど見えていません。盲導犬の仕事は，もう無理です。」

それを聞いたみきた君が，次のように言いました。

「これからは，ぼくがベルナちゃんの目になってあげる。」

これを聞いたお母さん，お父さん，そしてベルナは大喜びでした。

⑷　**本資料のよさ**

本資料には，視覚障害者の郡司ななえさんと盲導犬ベルナ，そしてななえさんの子どもであるみきた君との温かい心の交流が描かれている。児童は，ななえさんやみきた君の言葉から，ななえさんやみきた君のベルナに対する深い愛情を感じると思われる。特に，「ぼくがベルナちゃんの目になってあげる」というみきた君の言葉には，家族が困っていたら助けずにはいられないという，美しい家族愛が表れている。

⑸　本資料を生かした授業の工夫

①　事前活動

本資料は盲導犬を題材とした資料である。したがって，盲導犬についての知識をある程度もっていないと，資料の内容を理解することができない。また，3年生という発達段階を考えると，1時間の授業の中で盲導犬についての知識を教えた後，本資料についての学習を深めることは，時間的に難しいと思われる。そこで，総合的な学習の時間などに盲導犬についての学習をし，盲導犬についての基本的な知識を得たときなどの後に，本時の学習を行うことが望ましい。

盲導犬についての学習以外にもアイマスク体験などを行い，視覚障害者の立場を実感することも有効である。ただ，アイマスク体験を1回行うだけでは，目が見えない恐怖しか残らず，本当の意味で視覚障害者の立場を実感したことにはならない。ある一定期間継続的に行うことにより，児童は視覚障害者の立場への実感をより深めることができる。

また，アイマスク体験をする際，決められたコースを目隠しして杖をついて歩いた後友だちに手を引いてもらって歩くと，同じ目が見えない状態でも，杖をついて一人で歩くよりも，誰かに誘導してもらった方が歩きやすいことがわかる。このことによって，児童は盲導犬の必要性をある程度理解することができる。

②　事後活動

本時の学習をした後，郡司ななえさんを学校に招いて「ベルナのお話の会」を開くことが考えられる。「ベルナのお話の会」は，インターネットで内容を確認することができる。「ベルナのお話の会」の中で，郡司さんは盲導犬や視覚障害者の生活について，自分の体験を元に具体的に話をしてくれる。児童は，郡司さんの話を聞くことにより，本時で学習したことについての考えを一層深めることができる。

また，盲導犬訓練センターを見学したり，聴導犬や介助犬などの補助犬について調べることも考えられる。児童は，これらの学習を通して障害者や補助犬についての理解を深めることができる。

さらに可能ならば，特別支援学校との交流も考えられる。障害のある児童と障害のない児童とが一緒に体験活動を行うことにより，障害についての理解を深めるとともに，相手の身になって考え行動することの大切さについて考えを深めることができる。

⑹ 展開例

学習活動	指導上の留意点
1　盲導犬についての学習やアイマスク体験を振り返る。 **2**　「こころの目」を読み，話し合う。	
発問①　「ベルナはタバコの火をおしつけられたとき，どんな気持ちで我慢していたのでしょう。」	
・お母さんのために我慢しなければ。 ・吠えちゃいけないんだ。 ・お母さんを守らなければ。	・盲導犬についての学習を想起しながら考えさせる。 ・大好きなお母さんのためにじっと我慢したベルナの気持ちに共感させる。
発問②　「お医者さんに『ベルナの目は見えていません』と言われたとき，お母さんはどんな気持ちだったでしょう。」	
・ベルナがかわいそう。 ・ベルナとお別れしなければいけない。 ・ベルナと別れたくない。	・盲導犬のリタイアについて想像しながら考えさせる。 ・ベルナと別れたくないという，ななえさんの強い気持ちに共感させる。
発問③　「みきた君は，どんな気持ちで『ぼくがベルナの目になってあげる』と言ったのでしょう。」	
・ベルナと別れたくない。 ・ぼくがベルナを助けてあげたい。 ・ベルナは同じ家族なんだ。 **3**　家族の役に立ちたいと思い，実行したことを発表する。	・ワークシートに書かせる。 ・みきた君にとってベルナは大切な家族であることに気づかせる。
発問④　「家族の役に立ちたいと思い，何かしたことがありますか。」	
・お母さんが病気のとき，食事を作った。 ・弟に勉強を教えてあげた。	・ワークシートに書かせる。 ・友達の考えを聞き，新たな気づきが生まれるように導く。
4　郡司さんの言葉を聞く。	・郡司さんの著書の中から，印象的な話を紹介する。

⑺ 評価のポイント

家族が困っているときは，お互いに協力し合って楽しい家庭をつくろうという気持ちをもつことができたか。

［参考資料］

・「こんにちは！盲導犬ベルナ」「がんばれ！盲導犬ベルナ」「さようなら！盲導犬ベルナ」
　ハート出版　作・郡司ななえ　画・高橋貞二

［小学校・中学年　4―(5)・郷土愛］

ひびけ！　大文字だいこ！

税田　雄二

大文字まつりは、福岡県大野城市（おおのじょうし）のまつりです。このまつりをもり上げ、はなをそえるのが大文字だいこです。その大文字だいこを成功させるために、毎週金曜日に小学生から社会人まで多くの人が集まって、二時間ほどみっちり練習します。そして、三年生の明（あきら）も、この大文字だいこの一員として練習にはげんでいます。

明はおじいちゃんのすすめで大文字だいこを始めました。はじめのうちは、たいこの音が体にひびいてとても気持ちがいいのでよろこんで練習をしました。重いたいこを運ぶときも、たいこにさわることができるので、進んで手つだいました。

しかし、しばらくたつとそんなやる気もだんだんうすれてきたのです。明は、週一回の練習がある日も、友だちと遊んだり、家でテレビを見たりするようになりました。練習をしても、ばちを打つ手の力が入らなくなってきたのです。

「今日もとうりょうにおこられちゃったんだ。何かたいこの練習、つまんなくなってきたなあ。」

明は、心の中で、思わずそうつぶやきました。

そんな明の様子に、おじいちゃんも気づいていたのです。

おじいちゃんは、「とうりょう」とよばれる大中脩司（おおなかしゅうじ）さんのことを語り始めました。

「明、大中さんはな、博多（はかた）の生まれで、たいこは五年生のときに大きなおまつりでたたいたのが初めてだったらしい。そのとき、何とも言えないほど感動したそうだよ。それからたいこにむちゅうになって、中学、高校、そして、社会人になってもすいそう楽部の大だいこ担当（たんとう）としてかつやくしたんだよ。

そんな大中さんをリーダーにして、『大文字だいこ』をつくることになったんだ。はじめは、小学生から社会人までの十四、五名ぐらいのメンバーで、毎週金曜日にちいきの公みん館で、こつこつと練習をつづけたんだ。そのおかげで、今では、この大文字だいこが大野城市《おおのじょうし》のでんとう文化になったんだよ。

ところが、すべてがうまくいったのではないんだ。たいこは音がきれいに出るまでに三、四年はかかる。それなのにメンバーが都会の学校や会社に行くことがきっかけでやめることもあるから、同じメンバーで十分に練習できないらしいんだよ。そして、練習のやり方などで意見がくいちがって、うまくいかないことも多かったんだ。

こんな苦労（くろう）もあったんだけれど、大中さんたちは大野城市のでんとう文化を守りつづけようとがんばったんだ。そして、今では、市みんのきたいにこたえる力強いえんそうをきかせてくれて、大文字だいこのことを知らない人はいないようになった。また、全国でもここだけと言われる、「八の字打ほう」というたたき方もあみだしたんだ。」

明は、しんけんな顔でおじいちゃんの話を聞いていました。そして、しばらく考えこんだあと、自分の部屋にもどって行きました。

それからというもの、明は学校から帰るとすぐに練習に行き、ばちを打つ手にも力が入るようになりました。

「よし、明、気合いが入ってきたな！」

今日もとうりょうの大中さんの大きな声と、たいこの音が練習場にひびいています。

写真提供：おおの大文字太鼓

■ワークシート

ひびけ！　大文字だいこ！

年　組　名前〔　　　　〕

①ばちを打つ手にぐっと力が入ってきた明《あきら》は、どんな気持ちでしょう。

②ふるさとに古くから続《つづ》けられていることありますか。あったら書いてみましょう。

学習指導案：ひびけ！　大文字だいこ！

⑴　**主題名**　ふるさと大好き－新しい伝統を築き上げ，守り続けることの難しさ－
〔小学校・中学年　4 －⑸・郷土愛〕

⑵　**本時のねらい**

ふるさとの文化や伝統を知り，ふるさとを愛する心情を育てる。

⑶　**本資料の概要**

福岡県大野城市にある『大文字太鼓』は，大野城市にはなくてはならない大切な伝統文化となっている。主人公である 3 年生の明は，この大文字太鼓の一員である。

はじめのうちは，一生懸命に練習をしていた主人公明は，だんだん練習への足が遠のいていく。そんなとき，明のおじいちゃんが，大文字太鼓の棟梁大中脩司さんのことを明に話す。大中さんは，博多の生まれで，小学校 5 年生のときに『博多祇園山笠』で太鼓を叩いた。このときの感動が大中さんの心に火を付け，大中さんは中学，高校，社会人と，吹奏楽部で大太鼓の演奏に夢中になる。そして，大文字太鼓が創設されたときに，リーダーとして推薦を受けたのが大中さんだった。大文字太鼓は，公民館を借りて毎週金曜日に地道に練習を続けた。様々な職種，学校種のメンバーの集まりなので入れ替わりも多く，不安定なときもあった。しかし，地道に練習と出演を続けた結果，大野城市の大切な伝統文化になるとともに，全国ではここだけと言われる『八の字打法』も生まれたのである。

大文字太鼓が，大中さんをはじめとする人々の努力や工夫で続けられてきたものであることを知った明は，再び練習に励む。

⑷　**本資料のよさ**

本資料は，新しい文化を生み出し，続けていこうとする人物の生き方が描かれている。居住している地域で地道に活動に取り組んでいる人物なので，一般性は必ずしも高くはないが，どの地域にも似たような人物が存在するはずである。そのような人物と重ね合わせながら共感的に活用することが大切であると考える。また，本資料が地域の人材開発に役に立てばと願うところである。

⑸ 本資料を生かした授業の工夫

① 3年生の子どもの郷土愛を育てる学習であることから，3年生の主人公の心情への共感を深める展開を考える。

地域による格差はあると考えられるが，一般的に中学年の子どもたちは，地域の伝統文化への関心が低いと考えられる。したがって，伝統文化を守り育てる心情を育てるには，まず，地域の伝統文化への関心をもたせることが大切である。そこで，本時は和太鼓を切り口にして伝統文化について考えを深められるようにしたい。最近ではほとんどの学校に和太鼓があり，多くの学校や地域に太鼓クラブがある。また，地域で和太鼓の指導をしている人を，子どもたちは身近に感じている。このようなことから，和太鼓を通して地域の伝統文化に意識を向け，伝統を守り続けてきた人物のもとで，その一員であろうとする子どもの気持ちを推しはかる活動を設定してみた。そのなかで，「太鼓の練習よりも遊びたい」「テレビを見たい」というような中学年の子どもたちの率直な弱さや迷いにも十分に共感させた上で，それを乗り越えようとする主人公の気持ちを考えられるようにしたい。

② 具体的な資料の提示や関連的な指導で，子どもに実感をもたせる。

中学年の子どもたちにとって，伝統文化をより身近に感じさせるには，具体物や写真，ビデオ映像など，具体的な資料が効果的である。今ではほとんどの学校に和太鼓があるので，実物を教室に持ち込んで触れさせてみたり，太鼓クラブの子どもに演奏してもらったりするなどの工夫が考えられる。また，それが難しい場合は，活動をビデオ映像で紹介するなどして，太鼓の音の迫力や響きを体感させたいものである。そして，資料に登場する大中さんが，和太鼓の響きに魅せられて，伝統文化を築き守ろうとした気持ちを感じ取らせたい。さらには，社会科の「むかしの道具」「むかしを伝えるもの」などの学習や，学校行事や地域行事と関連を図って指導することによって，一層効果が高まると考える。

③ 子どもたちの身近な人材に置き換えた資料を作成し，実際に教室にお招きする。

どの地域でも，和太鼓の指導をしている人はいるはずである。そこで，そのような人に太鼓を始めたきっかけや指導する上での苦労話を取材し，本資料を必要に応じて調整した上で授業に生かすこともおすすめしたい。すると，子どもたちは，より身近な内容としてとらえることができ，主人公への共感を深めやすいと考えられる。また，可能であれば，実際に太鼓の指導者の方を教室にお招きし，演奏していただいたり，体験談をお願いしたりするなどの工夫も考えてみたい。

⑹　展　開　例

学　習　活　動	指導上の留意点
1　太鼓を演奏している様子をビデオ映像で視聴する。 **2**　資料「ひびけ！　大文字だいこ！」を読んで，主人公の気持ちについて考える。	・真剣な演奏の様子を視聴させる。
発問①　「練習に身が入らない明は，どんな気持ちでいるでしょう。」	
練習に行くのがおっくうだ。友達と遊びたい。 ・もう，太鼓の練習に行くのをやめようかな。	・太鼓の練習よりも遊ぶことのほうが楽しくなってきた明の気持ちに気づかせる。 ・太鼓の練習をやめたい明の気持ちへの共感を深めさせる。
発問②　「大中さんが様々なこんなんを乗り越えて，この太鼓を成功させようとするのは，どんな考えからでしょう。」	
・大文字太鼓は簡単にやめるわけにはいかない。 ・大文字太鼓をずっと守り続けていきたい。 ・ふるさとで続いていることを守りたい。 ・太鼓のすばらしさを知ってほしい。	・大中さんが大文字太鼓を簡単にやめられないことや続けたいと願う気持ちを様々に深めさせる。 ・大中さんが太鼓を続けるのは，伝統文化を守ったり，太鼓の素晴らしさを伝えたりしようとしていることに気づかせる。
発問③　「ばちを打つ手にぐっと力が入ってきた明は，どんな気持ちでしょう。」	
・遊びたいけれど，みんなの期待に応えなくては。 ・やめることは簡単だけれど，太鼓を続けることのほうが大切だ。 ・これからも仲間と一緒に，大文字太鼓を続けていきたい。	・ばちを打つ手に力が入るようになってきた明の気持ちをワークシートに書かせる。 ・大文字太鼓を続けることの大切さに気づいた明の気持ちを子どもの視点で想像させる。
発問④　「ふるさとに古くから続けられていることにどんなことがありますか。」	
3　ふるさとに古くから続けられている行事などについて考える。 **4**　ふるさとのよさについて具体物を見ながら話を聞き，実践への意欲を高める。	・お祭りなどの行事や，太鼓や踊りなどの文化を例にして考えさせる。 ・感動を大切にし，余韻をもって終わる。

⑺　評価のポイント

地域にある伝統文化を守ろうとする気持ちへの共感を深め，自分の考えをもつことができたか。

［参考資料］

・グラフ福岡526号（福岡県総務部県民情報広報課）
・おおの大文字太鼓 http://members2.jcom.home.ne.jp/kakumori/

［小学校・中学年　3―(1)・生命尊重］

絶対、助けるんだ
―東京消防庁ハイパーレスキュー隊―

中野　敬一

平成十六年十月二十三日午後五時五十六分に、新潟県《にいがたけん》中越地方《ちゅうえつちほう》を、震度《しんど》七の巨大《きょだい》地震《じしん》がおそいました。山はくずれ、家はおしつぶされ、道路もずたずたにはかいされました。昨日までの、のどかな風景《ふうけい》が一瞬《いっしゅん》のうちにして変わり、人々は、きょうふのどん底《そこ》へと、つき落とされました。そのような中、県道では大量の岩がくずれ落ち、親子三人が乗った車を、あっという間に飲み込んでしまいました。

地震発生から三日後の、二十六日午後三時三十分のことです。車のナンバープレートが、岩のすきまからわずかに見えるのを、親子の行方をさがしていたヘリコプターが発見しました。

「三人を救出《きゅうしゅつ》せよ。」

地震発生から八十二時間後。東京《とうきょう》 消防庁《しょうぼうちょう》『ハイパーレスキュー隊《たい》』に出動命令《めいれい》が出ました。二十七日午後一時四十五分。現場《げんば》到着《とうちゃく》。大量の岩石が不安定《ふあんてい》に重なり、今にもくずれ落ちてきそうです。足場が悪く、ショベルカーは使えません。スコップと手だけがたよりです。ハイパーレスキュー隊の隊員たちは、そうぜつな現場を見て言葉を失《うしな》いました。頭の中に、さまざまな考えがよぎりました。

そのとき、岩の状態《じょうたい》を調べる専門家《せんもんか》が言いました。

「私たちも現場にいます。岩がくずれそうならばすぐに知らせます。」

その言葉で、隊員達の心は一つになったのです。

慎重《しんちょう》に土砂《どしゃ》をよける作業。その間にも、大きなゆれが何度もきます。そのたびに安全な場所にひなんし、ゆれがおさまるとすぐに現場にもどるのです。

撮影：東京消防庁広報課

どれくらいの時間がすぎたころでしょうか。

「うう……」

かすかな声が、車と岩のわずかなすきまから聞こえてきたのです。

「えっ。」

隊員たちは、おどろきました。

「無線《むせん》を、止めるんだ。それから、空から現場を応援《おうえん》しているヘリコプターを遠くへ行かせるんだ。」

巻田《まきた》隊長が、すぐさま指示《しじ》を出しました。

しばらくして現場に、静《せい》じゃくのときがおとずれました。みんなは、真っ暗なすきまに耳を澄《す》ませました。

「うう……」

たしかに、小さな小さな声らしきものが聞こえてきました。すきまの中をライトで照《て》らすと、男の子の小さな小さな手が見えました。

「生きてる、生きてる。絶対《ぜったい》、助けるんだ。」

しかし、巨大な岩が男の子への道をふさいでいるのでした。そうこうしているうちに、また強いゆれがきました。もう、時間がありません。男の子も、すっかりすい弱しています。隊員たちは、あせり出しました。

「すきまにもぐりこんで助け出すしか……。」

巻田隊長は、なやみました。

「自分に行かせてください。」

田端《たばた》隊員が、声をはり上げました。巻田隊長は、田端隊員をじっと見つめました。

（もし岩がくずれたらお前は……。お前の子どもは……。しかし、だれかが行かねば……。）

「よしっ。たのんだぞ。」

巻田隊長の力強い大きな声が、現場にひびいたのでした。

田端隊員は、車と岩のすきまにゆっくりゆっくりと入っていきました。暗くて様子がよくわかりませんでした。手探《てさぐ》りで辺《あた》りを見回していると、

「いた。生きていてくれた。」

今にも消えてしまいそうな小さな小さな命が、そこにありました。

「ああ、よくがんばったね。」

田端隊員は、男の子をしっかりとだきしめました。

救出活動開始から一時間。地震発生から九十二時間後のきせきの出来事でした。

撮影：東京消防庁広報課

■ワークシート

絶対、助けるんだ —東京消防庁ハイパーレスキュー隊—

年　組　名前〔　　　　　　　　　　〕

①巻田隊長は、田端隊員を見ながら、どのようなことを考えていたでしょうか。

②あなたが、「命を守らなければならない」と思うのは、どのようなときですか。

学習指導案：絶対，助けるんだ—東京消防庁ハイパーレスキュー隊—

⑴ 主題名　　命の大切さ

〔小学校・中学年　3 －⑴・生命尊重〕

⑵ 本時のねらい

生命を守りぬく信念の強さに気づき，生命を大切にしようとする気持ちを高める。

⑶ 本資料の概要

平成16年に発生した，新潟県中越地震における，東京都ハイパーレスキュー隊の活躍ぶりを描いている。

予想もしない大きなゆれに，大地は大きく変化した。その様子は，テレビ報道・インターネット等を通じて世界中に発信され，人々に大きな衝撃を与えた。

その報道の中で，山の岩が大きく崩れ，県道を通行中の自動車が埋まった現場がクローズアップされた。どう見ても，そこに生存者がいる可能性は少ない。そのような中，わずかな望みをかけて親子の救出に立ち向かっていくハイパーレスキュー隊。救出活動は，遅々として進まない。隊員たちには，疲労と焦りの色が……。

ついに，生存者の発見。しかし，大きな岩の重なりが行く手をはばんでいる。「どうすればいいんだ。だれかが，行かなければ…。」巻田隊長は，苦悩する。そこに，田端隊員からの，「私に，行かせてください。」の申し出。

「もし，失敗すれば…。男の子は，田端隊員は，……。」現場のみんなの心の中は，「絶対，助けるんだ。」という強い思い。隊長は，ついに決断するのだった。

⑷ 本資料のよさ

本資料には，過酷な災害現場で，必死になって親子の救出にあたる，ハイパーレスキュー隊の様子がリアルに描かれている。

児童は，自分の生命の危険をかえりみずに，尊い親子の生命を守りぬこうとする隊員達の姿，そして，巻田隊長の葛藤を目の当たりにすることで，かけがえのない生命に対する深い思いに感動すると思われる。

⑸　本資料を生かした授業の工夫

①　資料との出合い

学習活動のきっかけとして，児童に「人命がとても軽く扱われている現代社会。君たちは，どのように感じているか。」という疑問を投げかける。その際，新聞報道等の情報を提示すると，児童は考えをふくらませやすいと考える。このことは，普段の生活ではなかなか意識しないが，生命について考えることは，とても大切なことなのだということに気がついていくきっかけになる。悲惨な事実を目の当たりにしていく児童。そうなればこの段階において，「このままでは大変だ。」という切実な気持ちになる。

そこで，人々の生命の安全のために活躍する組織があることを知らせる。それが，ハイパーレスキュー隊。この存在は，児童の憧れの対象につながっていくのである。憧れこそが，これからの学習の原動力にもなるのである。

②　隊員たちのおかれている状況を，明確に把握するために

児童にとって，新潟県中越地震のような大地震は，体験していないほうが数的には多いと予測される。したがって，土砂崩れや道路の破壊，家屋の倒壊等，なかなか実感しにくいのではないかと考えられる。そこで，地震の状況の写真等を活用しながらの話し合い活動を通して，地震による被害の大きさや恐ろしさをイメージ化していくとよい。また，学校行事でおこなわれる避難訓練等の体験的活動と関連させて，本資料を効果的に活用するとよいと考える。

③　巻田隊長の葛藤を考えるために

本授業のねらいに迫るキーポイントは，巻田隊長の心の中を考えることにある。「男の子を一刻も早く助け出したい。」「しかし，田端隊員の生命，そして家族がある。」この両方の存在を，どのように折り合いをつけるかで迷うのである。しかも，じっくり考えている余裕はないのである。葛藤を乗り越えていく原動力は，「生命に対する思い」である。ここを，児童にとらえさせていきたい。そのためには，板書を活用することがよいと考える。「男の子への思い」「田端隊員への思い」そして，そこから導き出された結論。それこそが，「絶対，助けるんだ」のタイトルにもつながっていくのである。

⑹ 展 開 例

学 習 活 動	指導上の留意点
1　新潟県中越地震の大きさを想像する。 **2**　資料「絶対，助けるんだ」を読んで，隊員の思いについて考える。	・写真等を活用してイメージ化を図る。
発問①　「男の子の声を聞いたとき，隊員たちはどんなことを考えたでしょう。」	
・この状況で，生きているなんて……。すごい。待っててくれよ。 ・なんとかして，助けたいのだが……。	・隊員たちの驚きに気づかせる。 ・救出作業の難しさに気づかせていく。
発問②　「巻田隊長は，田端隊員を見ながら，どのようなことを考えていたでしょうか。」	
・男の子を助けたい気持ちでがんばってきたんだ。 ・田端隊員の命は，大丈夫なのか。 ・男の子を，無事に助け出せるのか。	・ワークシートに書かせる。 ・男の子と田端隊員の命の両方とも守りたいという巻田隊長の苦悩に気づかせる。 ・田端隊員の強い願いに期待をかける巻田隊長の信念に気づかせる。
発問③　「男の子を救出した田端隊員に，巻田隊長はどんな言葉をかけるでしょう。」	
・本当に，ありがとう。 ・男の子がんばったね。そして，田端隊員も……。 **3**　自分自身の生命を思う心について考える。	・男の子と田端隊員の無事を喜ぶ，巻田隊長の気持ちを深く考えられるようにする。
発問④　「あなたが,『命を守らなければならない』と思うのは,どのようなときですか。」	
・体験したことやこれからのことを発表する。 **4**　心のノートを見てまとめる。	・ワークシートに書かせる。

⑺ 評価のポイント

巻田隊長の生命を守りぬく強い信念に気づき，生命を大切にしていこうとする気持ちを高めることができたか。

［参考資料］
災害発生時の新聞報道やインターネットで検索した情報。

［小学校・中学年　4―(6)（高学年　4―(8)）・国際理解・生命尊重］

救　出―エルトゥールル号遭難―

勝又　明幸

一九八五年、イラン・イラク戦争《せんそう》の最中《さいちゅう》のことでした。イラクの大統領《だいとうりょう》は、

「今から四十八時間以内に、イランの上空を飛ぶすべての飛行機《ひこうき》をうち落とす」

と、無茶苦茶《むちゃくちゃ》なことを宣言《せんげん》しました。当時、イランにはたくさんの日本人が住んでいました。日本人たちは、あわててテヘラン空港にむかいましたが、どの飛行機もいっぱいで乗れません。世界各国は自分の国の飛行機を出して救出《きゅうしゅつ》していましたが、日本国政府《せいふ》はその対応《たいおう》もおくれました。

時間は、刻々《こっこく》とせまっています。テヘラン空港にいた日本人はパニックじょうたいになっていました。

そのときでした。テヘラン空港に二機の飛行機があらわれたのです。トルコ航空機《こうくうき》でした。

「日本人のためにトルコ航空機を用意しました。どうぞこの飛行機に乗ってください」

トルコ航空機は空港に残《のこ》された二百十五人の日本人を乗せると、日本に向かって飛び立ちました。それは、イラク軍《ぐん》の全面攻撃《こうげき》が始まるタイムリミットのわずか一時間前でした。

なぜ、トルコ航空機が日本人の救援《きゅうえん》に来てくれたのでしょう。

それは、今から約百二十年前の明治二十三年九月のことです。

日本との友好親《ゆうこうしん》ぜんのために来航《らいこう》したトルコの軍艦《ぐんかん》エルトゥールル号は、本国へ帰る途《と》中《ちゅう》、和歌山県《わかやまけん》のおきで台風にまきこまれてしまいました。エルトゥールル号は、全長七十六メートルもある木造船《もくぞうせん》でした。

樫野崎灯台《かしのざきとうだい》は日本最古《さいこ》の石づくりの灯台です。しかし、そこは「魔《ま》の船甲羅《ふなごうら》」とよばれる岸《がん》ぺきでした。

樫野崎の海岸　海金剛

グワーン、バリバリ。

台風で航行《こうこう》の自由を失《うしな》ったエルトゥールル号は六百六十人を乗せたまま「魔の船甲羅」にぶつかると、真っ二つにさけました。そしてエンジンは大ばく発をおこしたのです。

当時の記録《きろく》を見ると、

「直ちに現場《げんば》に至《いた》り見るに、船体の破片《はへん》あたかも山をなし、海面の死体激浪《げきろう》の中に浮沈《ふちん》しある」

とあります。目をそむけたくなる悲惨《ひさん》なじょうきょうでした。

当時、樫野《かしの》には五十けんほどの家がありました。

「一人でも多く救《すく》ってあげたい。」

村人たちはひるむことなく、台風の海に小舟を出してトルコ人の救助《きゅうじょ》を始めました。

「死ぬな。」

「生きるんだ。」

村の男たちはトルコ人を背《せ》負って六十メートルの岸ぺきをよじ登りました。海水で血を洗い、服を脱《ぬ》いで自分たちの体温でトルコ人をあたためました。

助けられたトルコ人は、樫野のお寺と小学校に収容《しゅうよう》されました。

樫野はまずしい村でした。そして、生まれて初《はじ》めて見る外国人でしたが、どんなことをしても助けてあげたいと、女たちは非常《ひじょう》食用にかっていたニワトリを料理《りょうり》してトルコ人に食べさせました。もう自分たちの食べ物は残《のこ》っていないのに。

こうして六十九人が命を救われました。

その後も、村人たちは何度も海に出てトルコ人の遺体《いたい》を引きあげて手厚《てあつ》くほうむったのです。


後日、駐日《ちゅうにち》トルコ大使だったウトカン氏は、こう言っています。

「エルトゥールル号の事故《じこ》に際《さい》し、樫野の人たちや日本人がしてくださった献身的《けんしんてき》な救助活動を、今もトルコ人たちは忘れていません。わたしも、小学生のころ、教科書で学びました。トルコでは子どもでさえエルトゥールル号のことは知っています。日本人が知らないだけです。だから、テヘランで日本人が困《こま》っていると知ったとき、トルコ航空機が飛んだのです。」

エルトゥールル号殉難将士慰霊碑

■ワークシート

救　出―エルトゥールル号遭難―

年　組　名前〔　　　　　　　　　〕

①一九八五年、イラン・イラク戦争。テヘラン空港にあらわれたトルコ航空機。

○どうしてトルコ航空は危険をおかして日本人を救いに来たのだろう。

救出

↓

②一八九〇年（約百二十年前）エルトゥールル号事件。

○樫野崎から遭難船を見てください。あなたならどうしますか。

○樫野の村人が、危険をおかしてトルコ人を助けたのはなぜですか。

○トルコの人たちは、この事件をどう受け入れたのでしょう。

学習指導案：救　　出―エルトゥールル号遭難―

⑴　**主題名**　　国際理解

〔小学校・中学年　4 ―⑹・国際理解，3 ―⑴・生命尊重〕

⑵　**本時のねらい**

危険を冒して遭難者を救おうとした樫野の人たちと，それを後世に伝え救援機を派遣したトルコの人たちの思いを通して，命の大切さを感じ取り，わが国と外国の人々に肯定的な関心を持とうとする心情を育てる。

⑶　**本資料の概要**

物語は，イラン・イラク戦争のさなか，テヘラン空港にあらわれたトルコ航空の救援機の「なぞ」から展開する。

それは今から約120年前のトルコの軍艦エルトゥールル号の遭難と，その救出にあたった和歌山県樫野の人たちにあった。

1890年，日本との友好親善のために来航したエルトゥールル号は，その帰途，台風に遭い岸壁に衝突して大破してしまう。樫野の村人たちは，眼をそむけたくなるような光景の中で，「一人でも多く救いたい」と危険をかえりみず嵐の中に小舟を出した。自分の体温でトルコ人を温め，非常用のニワトリを供した。その結果69人の命が救わた。トルコではこの事件が教科書にも掲載され，後世に伝えられている。

⑷　**本資料のよさ**

本資料は，日本人の追い込まれた状況から始まる。日本政府の不手際に対する怒りと，そこにあらわれたトルコ航空機への感謝が対照的である。前者は，わが国に対する否定的な思いを作り出すだろうが，実は，それが約120年前のエルトゥールル号遭難に際しての樫野の村人の献身的な救助活動に対する「恩返し」であったことを知り，一気に（そして逆転的に）日本人としての「自尊感情」が高まっていくはずである。多くの日本人が知らなかったこの事実を学ぶことで，外国との相互理解の大切さを知るとともに，実は自らの国を愛する心を育てることができるのではないかと考える。同時に，トルコ人がこの事実を後世に伝えた一方で，「知らないのは日本人だけです」と答えた前トルコ大使の投げかけは重い。

⑸　本資料を生かした授業の工夫

①　「謎」解きを越えて。

トルコ大使の「知らないのは日本人だけです」という言葉は，心に残る。

資料を生かした話し合いの中で，子どもたちは資料の描く世界を多様に想像し，人物の思いや行動に共感する。樫野の人たちの勇気ある行動，それを後世に伝え恩に報いようと救援機を向かわせたトルコ人…。追体験的に学びながら，それでも「自分たちは知らなかったのだ」という矛盾にぶつかってしまう。ここを自分なりに受け入れようとすることが，道徳的価値の自覚につながっていくのではないかと思う。

「救出」が両者をつなぐ基盤にあることで，国籍や言葉や文化，あるいはあらゆる壁を越えて「命の大切さ」が優先するのだと強く刻まれるだろう。

それを承知で，本時の最後には，

「もし120年前の遭難事件がなかったら，トルコ航空機は救出に来ただろうか」

という問いを残した。むずかしいところであるが，授業をオープンエンドとするしかけである。

②　臨場感をつくる。

本資料は「読み物資料」である。しかし，本時は，あえて「資料を読む」ことをさせていない。むしろ，教師がドキュメント風に語ることで「臨場感」を高めていく。そして，子どもたちを，まさにその「現場」にいるような心持ちにしてしまう。

なお，私が実際に授業をしたときには，「そこに二機の飛行機が」というところでは子どもたちは身を乗り出し，機内アナウンスの場面では教室でも拍手がおきた。

「事実」から問題を作り出していくとき，それは子どもの内なる「問い」から始めたい。

③　地図帳を使う。

ノンフィクションの特徴は，なんといっても「その場」「その人」の確かな存在・痕跡である。だから，道徳の時間に地図帳を活用することが有効である。イラン・イラクやトルコの位置を確かめることも大事だし，和歌山県沖には青い文字で「エルトゥールル号遭難」とある。さっと地図帳で確かめる態度を育てるともに地図帳の情報源としての価値にも気づかせたいところである。

⑹　展　開　例

学　習　活　動	指導上の留意点
1　テヘラン空港にあらわれたトルコの救援機について説明する。	・地図帳で位置をつかむとともに，当時の新聞記事をもとに臨場感を持たせる。
「トルコの救援機は，なぜ日本人のために飛来したのだろう。」	
2　資料「救出」を読んで，エルトゥールル号の遭難と樫野の人たちの救出の様子について話し合う。	
発問①　「樫野の村民になって，樫野崎から遭難船を見てください。どうしますか。」	
・無理だ　⟷　・助けよう 夜中で暴風雨。　目の前に助けを 自分の命さえ危ない。　求める人がいる。 外国船だ。　命の重さ。	・あえて2つの立場から話させる。それぞれこうした理由があったと想像することで，樫野の人たちの迷いや勇気を際だたせることができる。
発問②　「樫野の人たちの救助のすがたをどう思いますか。」	
・ただ救わなければいけない命があった。 ・自分のことより救うことを優先した。 ・日本人もすごいな。 →　だから，トルコ航空機が来たんだ。	・ワークシートに記入させる。樫野灯台の写真を提示することで，救助の困難さをイメージさせる。 ・トルコの人たちは，この救助活動をどう受け入れたのか想像させたい。
発問③　「駐日トルコ大使の話から，何がわかりますか。」	
・救援機は恩返しだ。それを120年間も伝えてきた。 ・でも，日本人は知らない…。それでいいのかな。	・語り継いだトルコのすばらしさと，自国への自尊感情を重ねたい。 ・「エルトゥールル号事件がなかったとしたら……」オープンエンドで終える。

⑺　評価のポイント

外国との相互理解の大切さに気づき，自国への誇りをもつことができたか。

［参考資料］
・モラロジー研究所「エルトゥールル号の遭難」
・木暮正夫『救出』（アリス館）

［小学校・中学年　3—(2)（高学年　3—(2)）・自然愛］

わたしたちのふるさとはどこへ

星　直樹

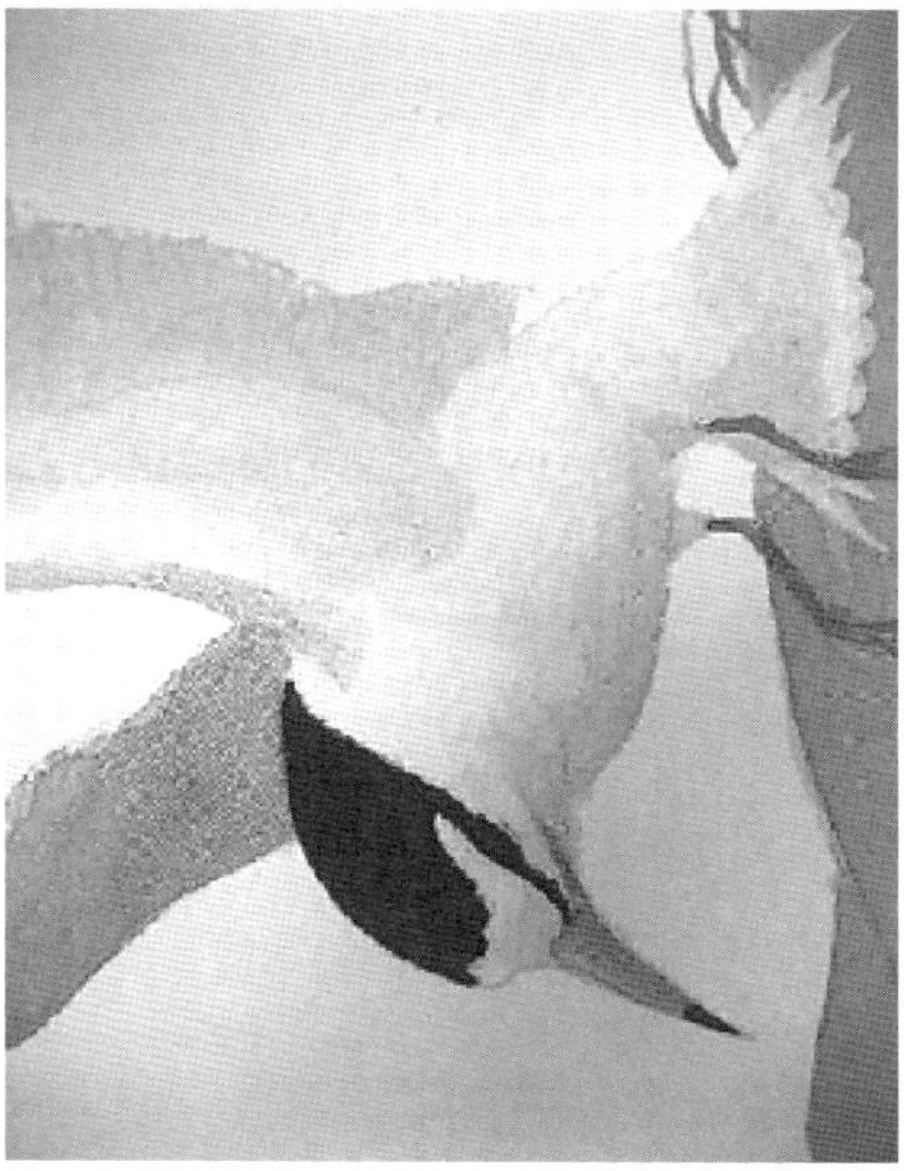

わたしは、コアジサシの「リトル」。遠いオーストラリアから子どもを育てるために、日本にやってくるわたり鳥だ。何度も日本に来て、わたしもずいぶん年をとった。昔は東京にもたくさんの広い場所があった。広々とした森ケ崎の海は、わたしたちのふるさとだった。私たちは、広い河原《かわら》やすなはまに浅《あさ》いあなをほって、たまごを産《う》み、ヒナを育てる。海には、たくさんの魚がいて、住みやすいすてきな場所だった。毎年、この森ケ崎にやってくるのが、とても楽しみだった。しかし、今は昔とすっかり変わってしまい、自然《しぜん》の土地は年々減《へ》り、周《まわ》りはすっかり埋《う》め立てられてしまった。わたしたちのすばらしいふるさとが消えてしまったのだ。そこで、ボランティアの人たちが、近くの水再生《さいせい》センターの屋上にじゃりをしいて人工の広場を作ってくれた。

「ありがたい。さっそく行ってたまごを産《う》み、育てよう。」

たくさんのコアジサシたちが喜《よろこ》び、たまごを育てた。しかし、思わぬ敵《てき》が現《あらわ》れた。ネコだ。ヒナの多くが、ネコにおそわれ、殺《ころ》されてしまった。

「かわいそうに……」

親たちは、たいへん悲しんだ。ボランティアの人たちがすぐにネコよけの大きなさくを作ってくれた。

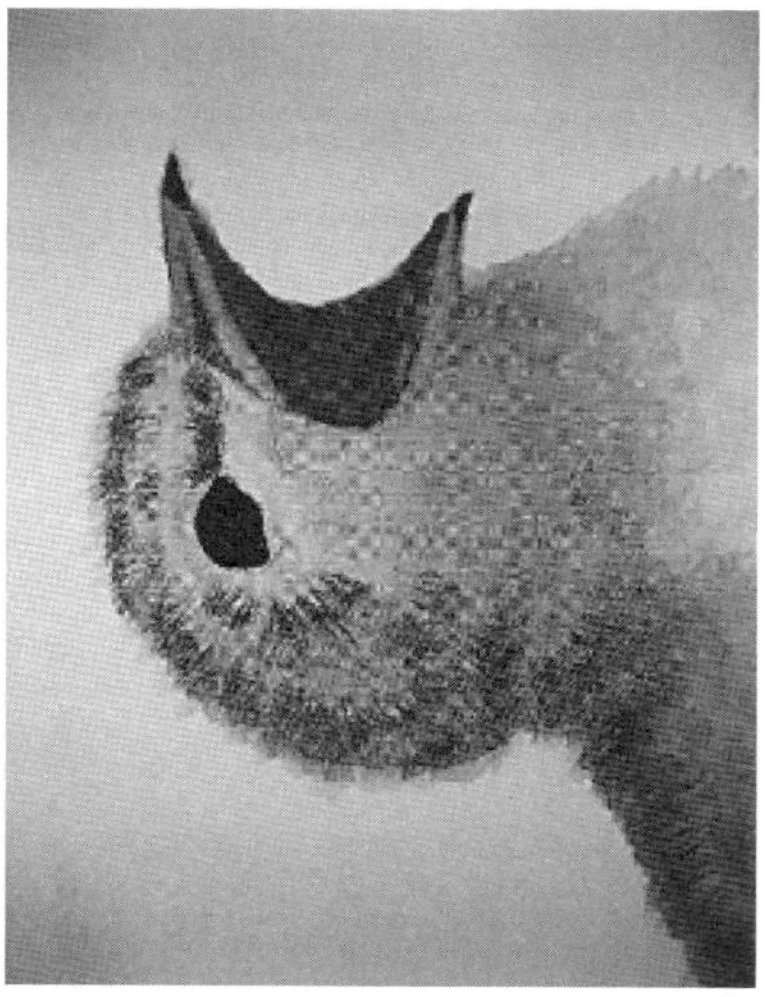

次の年、安心してたまごを産《う》めると思っていたが、また、新しい敵が現れた。それは、カラスである。

ある日、カラスの群《む》れがとつぜんおそってきた。私たち親鳥は、体ごとぶつかり必死《ひっし》に戦《たたか》ったが、体が大きく力の強いカラスたちには、かなわなかった。そして、何羽ものヒナが殺《ころ》されてしまった。

「また、かわいいヒナたちが、死んでしまった。どうしたらいいのだろうか。」

「わたしたちには、もう行く場所はないのか。」

とみんなの心が弱ったとき、私は、

「負けてはいけない。来年こそきっとヒナが育つはずだ。がんばろう。」

とはげまし続《つづ》けてきた。

その次の年も、私たちは子育てのために日本にやってきた。きずつきながらも、多くの敵と戦い、少しずつヒナは育ち、巣《す》立つものも出ている。

「本当に安心してくらせる場所はどこだろうか。いや、何年かかろうとも、きっと見つけてみせるぞ。そして、その場所こそ、わたしたちの新しいふるさとになるのだ。」

これからも私たちは日本にやってくる。そして、いつかきっと新しいふるさとを見つけ、その場所を二度と失《うしな》わぬよう大切に守っていくのだ。心から家族が、友だちが、安心してくらせるために。

■資料

体長は25センチメートルほどで、ツグミやヒヨドリと同じくらいの大きさ。翼《つばさ》と尾羽《おは》がツバメのように細くとがっていて、くちばしもまっすぐのびる。

ユーラシア大陸の中緯度地域《ちゅういどちいき》で繁殖《はんしょく》し、アフリカからオーストラリアにかけての沿岸部《えんがんぶ》で越冬《えっとう》する。またカリブ海沿岸域やハワイ諸《しょ》島にも生息している。

日本では本州以南《いなん》に夏鳥として渡《わた》ってきて繁殖《はんしょく》するが、繁殖地となる場所の減少《げんしょう》にともない数が減っている。

〔出典〕
フリー百科事典『ウィキペディア（Wikipedia)』

成鳥（夏鳥）のとぶ姿

ダイビングする姿

■ワークシート

わたしたちのふるさとはどこへ

年　組　名前〔　　　　　　　　〕

「何年かかろうとも、きっと見つけてみせるぞ。」という「リトル」の言葉から、あなたは、どんなことを考えますか。

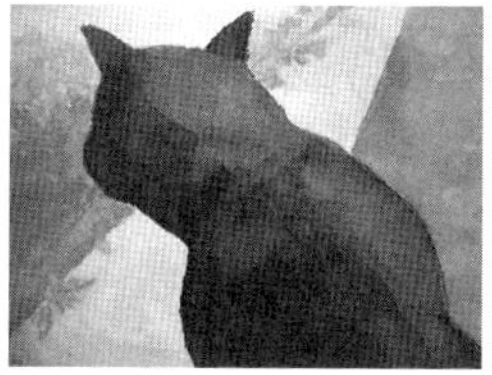

学習指導案：わたしたちのふるさとはどこへ

⑴　主題名

大切なふるさと―新たなふるさとを求めて―
〔小学校・中学年　3 ―⑵（高学年　3 ―⑵）・自然愛〕

⑵　本時のねらい

自然とそこに生きる生き物のつながりや尊さに気づき，自然を大切にする。

⑶　本資料の概要

コアジサシは，カモメの仲間で，オーストラリアなどから子育てのために日本にやってくる渡り鳥である。広々とした玉砂利の河原や砂浜などに浅い穴を掘って，卵を産みヒナを育てる。しかし，最近では，そのような場所も少なくなり，年々子育ての場所が失われている。

コアジサシの「リトル」は，昔は，森ヶ崎周辺の干潟に卵を産んでいたが，今では，四方が埋め立て地となり，よい場所がなくなってしまった。

そこで，ボランティアの人々が作ってくれた屋上を新しい故郷として飛来するが，行くたびに，猫やカラスに襲われ，多くのヒナを失っていく。しかし，その苦しさにも負けず，安心して子育てができる場所を見つけるために懸命に努力していくという話である。

この「リトル」の切なさや苦労に共感しながら，故郷の大切さを話題として，自然の大切さについて話し合わせたい。話し合いでは，年々壊される自然とそこに生きようとする渡り鳥に共感させ，自然や動植物を大切にしようとする気持ちを高めていきたい。

⑷　本資料のよさ

この時期の児童は，自然への関心を持ち，生き物が大好きである。動物を主人公にした物語は，興味深く読み進めるだろう。

本資料では，過酷な環境の中で，「懸命に生き抜こうとする生命」を題材としている。

故郷や周りの自然を「失う」ことを渡り鳥の目と気持ちでしっかりと見つめることで，自分を育ててくれる自然環境の尊さに気づかせたい。そして，問題に直面しながら，知恵を出し，前向きに生き抜く渡り鳥たちの「ひたむきさ」を感じさせたいと考えた。つまり，自分が育った場所を失う切なさと，そのための努力に心を動かすことで，自然環境の大切さに気づかせ，自然のすばらしさを大切にしようとする気持ちを高めていきたい。

⑸　本資料を生かした授業の工夫

①　導入の工夫

コアジサシはとてもきれいな鳥である。羽やくちばしはとがっており，特徴的で美しい。導入では，コアジサシの飛んでいる姿やえさを捕える姿を写真で紹介し，物語への関心を引き出したい。また，日本の各地で，飛来する場所を失っているコアジサシの記事などを紹介し，お話へと橋渡しするのもよい。その際に，自然破壊などが強調されすぎると児童の生活と離れ，ねらいがぼやけてしまうので，内容の理解に役立つ程度の紹介とする配慮がほしい。

②「失う」ことから大切さを学ぶ手法

この資料は，自然の大切さを前面に押し出した内容ではない。コアジサシの姿を借りて，故郷の自然環境を「失う」ことに共感し，気持ちを寄せる資料となっている。ものごとの価値は，それが満たされているうちは，そのよさに気づきにくいものである。そのものを失ったときにこそ，ありがたみや大切さに気づかされることは多い。

したがって，本資料を読み進めるうえで，コアジサシの「リトル」の気持ちをじっくりと感じ，考えさせることに主眼をおきたい。「故郷である森ヶ崎周辺の地をなくしたとき」の気持ちや「猫やカラスに襲われても日本を目指す」思いや努力をじっくりと考えさせたい。そして，生活を支える郷土を失うことは，大変悲しいことであることに共感し，そこに生きようとする渡り鳥の生命を見つめさせたい。また，そうすることで，自分の生活を見つめ直し，動植物の命をそれを支える自然と共に捉え，大切にしようとする心を膨らませていきたいと考える。

③　自然や生き物を大切にしている人々の努力を知る

終末では，身近な自然を守る人々の努力を紹介することで，自分にできることを考えさせていきたい。ここでは，広く環境にかかわる例もよいが，むしろ児童にとって身近な話題を取り上げ，ふだん見慣れていることや何気なく使っている場所での努力と工夫を理解させ，自分を振り返らせていきたい。その際，よく見る生き物や近くの公園や街路樹などを守るボランティアの人たちの努力や区の職員の取り組みを話題にするのもよい。また，地域の活動にかかわっている人々にインタビューすることなども身近な事実を紹介でき，児童の気持ちを高めることになる。

教師が紹介するのもよいが，ゲストティーチャーとして本題材に関係する人を招き，話をしてもらうことも，自然を大切にする思いに直接触れさせることができ，有意義である。

(6) 展　開　例

学　習　活　動	指導上の留意点
1　コアジサシの写真を見て気づいたことを発表する。 ・形や飛ぶ姿がとてもきれい。 **2**　資料「わたしたちのふるさとはどこへ」を読んで，話し合う。	・コアジサシの写真を見て，気づいたことを発表させ，この鳥への関心を引き出す。 ・渡り鳥について，簡単な説明を加え，資料をより理解できるよう支援する。
発問①　「ふるさとである森ヶ崎をなくした『リトル』は，どんな気持ちだったでしょう。」	
・ずっと住んできた大好きな場所だった。 ・これからどこで卵を産み育てたらいいのか。 ・かわいいヒナのために新しい場所を探さなくては。	・コアジサシの写真や挿絵を使って範読し「リトル」に共感しやすいようにする。 ・故郷を思う意見を聞き合う中で，森ヶ崎が大切な場所だったことを理解させる。
発問②　「猫やカラスなど次々に敵に襲われながらも，『負けてはいけない』と日本にやってくる『リトル』は，どんな気持ちか。」	
・ヒナを育てないと自分たちが滅んでしまう。 ・やっと見つけた大切な場所だから。 ・どこにでも敵はいるから負けられない。 ・いつかきっとよい故郷が見つかるはずだ。	・生きていくために新しい故郷の中で必死に生き抜こうとするコアジサシに共感させ，生き物にとって故郷が欠かせないことや自然の大切さに気づかせる。
発問③　「『何年かかろうとも，きっと見つけてみせるぞ』と言う『リトル』の決意の言葉から，あなたは，どんなことを考えますか。」	
・かわいそう。安心して子育てができる場所を見つけてあげたい。 ・一度壊した自然は戻ってこない。海や森などを汚してはいけない。 ・なにごとにもくじけずに立派だ。 ・故郷をなくしては，絶滅してしまう。ぼくも，自然を大切にしたい。	・ワークシートに書かせ，「リトル」の故郷を願う思いをじっくりと見つめさせ，自分の考えを作らせたい。 ・故郷を探す決意から，自然を奪われた悲しみに共感させたい。そして，自然のかけがえのなさや動植物の尊さに気づかせたい。
発問④　「自分たちの生活の中で，これからどんなことを大切にしていきたいか。」	
3　自分の住む町について考える。 ・自然のものをむやみに取ったりしない。 ・身近な虫や生き物を大事にしたい。 ・旅行などで，観光地の約束を守りたい。 ・ごみなどは必ず持ち帰り，自然をこわさないようにしたい。 ・飼っている犬の気持ちをもう一度考えてみたい。 ・家や学校にある草花を大切に育てたい。 **4**　自然や動植物を守る人々の話を聞く。 （教師が紹介するほかに，ゲストティーチャーを招き，話を聞く活動も考えられる。）	・自分たちが自然や動植物のためにできることを聞き合い，自分のできる範囲で自然や生き物を大切にしようとする意欲を引き出す。 例 ・地域にある川をきれいにするボランティアの方々の努力。 ・町の街路樹や公園などを大切にする区役所の方の苦労や願い。 ・動植物に詳しい獣医さんや園芸家の方の努力や願い。等。

⑺　評価のポイント

故郷を失ったコアジサシの切なさや苦しさを考えることを通して，自然の尊さに気づき，自然や動植物を大切にしようとする気持ちが高まったか。

［参考資料］

・月刊「たくさんのふしぎ」266号『コアジサシ―ふるさとをなくした渡り鳥』
　増田直也作　荒川暢絵　福音館書店
・NPO法人 リトルターン・プロジェクト　ホームページ
　http://www.littletern.net/
・東京都下水道局　森ヶ崎水再生センター　ホームページ
　http://www.gesui.metro.tokyo.jp/odekake/syorijyo/03_11.htm
・各種野鳥図鑑など

［小学校・高学年　1―(2)・希望・努力］

若葉町内会九年間の挑戦
―ごみ減量《げんりょう》大作戦―

増尾　敏彦

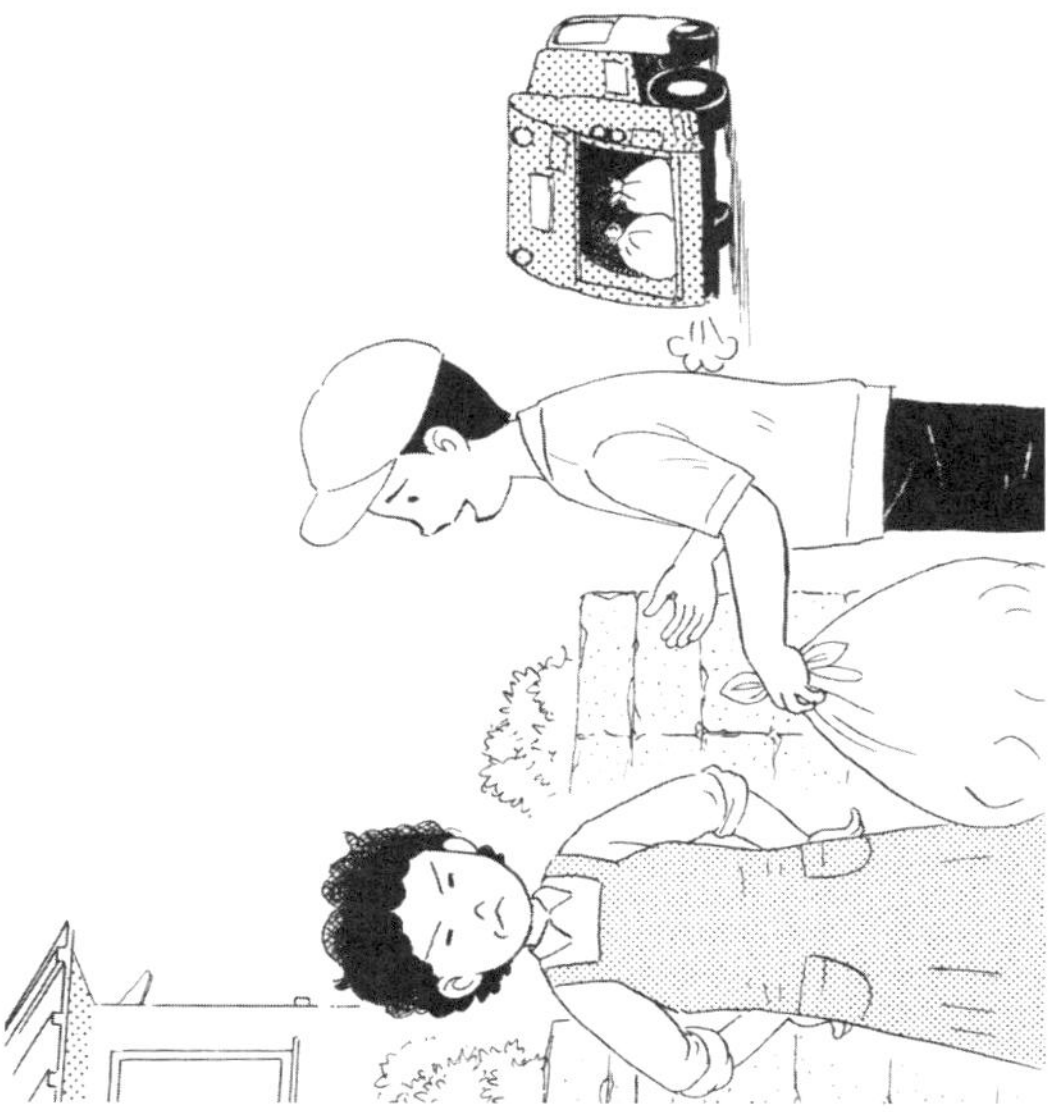

ピンポン。

「こんにちは。若葉町《わかばちょう》ごみ減量《げんりょう》すい進《しん》委員のものですが。実は、燃《も》えるごみの中に、燃えないごみが入っていたので、ごみしゅう集車が置いていきました。このごみ、おたくさんが出されたごみですよね……?!わたしの方で、このごみを分別しておきましょうか?」

と、重いごみぶくろを持ちながら、やさしい口調《くちょう》で話すと、

「よけいなお世話です。それは、うちがすてたごみではありません。しょうこは、あるのですか。」

と、とても強い口調で言い返されました。

「ごみの中を見たら、おたくさんの住所と名前が書かれた手紙があったので……。」

「うちで分別して出します。」

バタン!

その態度《たいど》は明らかにおこった様子でした。

わたしが、ごみ減量すい進委員長になったのは、平成十一年十月でした。当時、この町に住む人が増《ふ》え始め、ごみの量も急に増え、ごみの出し方のマナーが悪くなっていました。このままでは、ごみをしょ理するための町のお金が足りなくなり、町中がごみだらけになってしまいます。

これらの問題を解決《かいけつ》するために、わたしたちは『ごみ減量すい進委員』をつくりました。そして、わたしたちが住む若葉町内のごみを減《へ》らすことから始めました。

わたしたち、ごみ減量すい進委員の仕事は、次の通りです。

①ごみステーション（ごみかご）がきれいに使われているかを見回る。
②ごみぶくろに名前がついているか確《たし》かめる。
③きちんと分別されているか確かめる。
④分別されずに残されたごみ（マナーを守らなかった人のごみ）を燃えるごみ、燃えないごみ、資《し》げんごみに分別する。
⑤ごみをきまった日に出しているか確かめる。

　わたしたちは、たった四人で、若葉町内約三百けんの家から出されるごみを一週間に何回も見回らなければなりません。そして、マナーを守らない人がいると、その人の家を探して注意もしなければなりません。みなさんは、知らない大人やご近所さんに注意することができますか？

　わたしたちの仕事が始まってすぐに、ごみステーションに分別されずに残されたごみがたくさんありました。ごみの中身を手がかりに、出した人をさがしては、その家までもって行き、注意をしなければなりません。時には言い争いにもなります。

「ああ、もうつかれた。いくらよびかけても、きちんとごみを出してくれない。ごみも減らない。どうしたらいいのか……。」

「自分たちがこんなにがんばっても、ぜんぜんよくならない。」

そのように話すごみ減量すい進委員の人もいました。

　そこで、わたしは、町内会長さんと相談をして、標語《ひょうご》をぼ集して、町内の人たちへよびかけるアイデアを考えました。

　しかし、ごみに対するマナーは変わらず、ごみの量も増える一方でした。

「やっぱりだめか。」

　みんな、かたを落としました。

「標語以外にもアイデアを考えてみよう。きっと何かいい方法があるはずだ。」

とわたしが言うと、みんなは深くうなずきました。

「そうだ、そうだ、もっと考えてみよう。

みんなで考えれば、いいアイデアがうかんでくるはずだ。」

みんなが口をそろえて言いました。しばらくするとなかまの一人が、こう言いました。

「当番制《とうばんせい》にするっていうのはどうかな？」

「当番制？」

「そうそう。ぼくたちがやっている仕事を、町内会すべての家の人たちにやってもらい、ごみに対して責任《せきにん》をもってもらおう。」

「だいじょうぶかな。きっとみんな協力してくれないんじゃないかなあ。」

「そうだ、町内会の人たちに、アンケートをとって、当番制に賛成《さんせい》か反対かを聞いてみよう。」

そして数日後、アンケート結果が出ました。賛成意見がとても多く、当番制をやることになりました。

「当番制のほかにも、ごみを減らす方法はないかなあ。」

「いつでも、アルミかんやスチールかんのごみを出せるようにしたらどうかな。そうすれば、分別もしやすくなるし。」

「その集めたアルミかんやスチールかんをリサイクル工場へ売ったらどうだろう。町内会のためのお金になるかもしれない。」

ごみ減量すい進委員から次々とアイデアが出されます。

「燃えないごみの中で一番多い生ごみを減らすと、ごみの量がかなり減るぞ。」

「あ、そういえば、生ごみから野菜を作るための肥料《ひりょう》を作ることができる。やってみませんか。」

「それはいいアイデアだ。ぜひやってみましょう。」

「これらのごみに対する取り組みを、町内会のみんなに知らせると、もっともっとごみが減り、マナーもよくなるのでは。」

「じゃあ、ごみ減量新聞を作ってみてはどうだろう。」

わたしたちは、話し合ったこれらのアイデアすべてを実行しました。

こうして始められたわたしたちの活動は、九年たった今でも続いています。その結果、次のように、さまざまによい結果が表れているのです。

○マナーがよくなり、残されるごみがほとんどなくなった。

○ごみ減量すい進委員に対して、町内の人から感謝《かんしゃ》されるようになった。

○苦情《じょう》を言った人たちが、ごみ減量すい進委員にあやまり、わたしたちの活動を応《おう》えんしてくれるようになった。
○生ごみが減ったため、ごみの量がかなり減った。
○アルミかんやスチールかんをリサイクル工場へ売り、古新聞やざっしは、子ども会のはい品回《ひんかい》しゅうできちんと集めることができるようになった。

平成十八年度の一年間では、ごみの量を約二十トンも減らすことができました。これは、わたしたちの町の税《ぜい》金約四十四万円の節約《せつやく》になったのです。また、リサイクル活動やはい品回しゅうで、約二十万円のお金を手にすることもできました。

わたしの夢は、もっとごみを減らして、リサイクル活動ももっと活発にして、町内会費を取らない若葉町内会にすることです。そして、ごみだけでなく、すべての面でマナー日本一の町内会にしたいです。

学習指導案：若葉町内会九年間の挑戦―ごみ減量大作戦―

⑴　**主題名**　　9年間の挑戦
〔小学校・高学年　1－⑵・希望・努力〕

⑵　**本時のねらい**

目標に向かってがんばる減量推進委員の人たちの熱意について考え，自分でやろうと決めたことを最後までくじけずにやり通そうとする気持ちをもつことができる。

⑶　**本資料の概要**

住民が急激に増えるとともに，ごみの量やマナーが著しく問題になってきた。そこで，この問題を解決するために「ごみ減量推進委員」が結成された。初めは協力する人が少なく，マナー違反をしている人から苦情も言われる。

しかし，ごみ減量とマナー向上を目標に，ごみ減量推進委員がアイディアを出し合い，実行し，少しずつその働きが認められる。そして，小さな活動も多くの人に認められ，今では町内会全員でごみ減量とマナー向上をめざして取り組んでいる。

ごみ減量推進委員の人たちは，ごみだけでなく，すべての面でマナー日本一の町内会をめざす新たな目標にチャレンジしている。

⑷　**本資料のよさ**

ごみ減量推進委員の人たちが失敗を繰り返し落胆しても，アイディアを出し合いながら問題を解決していき，みんなから認められていくところが本資料のよさである。児童は，ごみ減量推進委員の人たちが苦情を言われたり，落胆したりする姿に共感すると思われる。そして，ごみ減量推進委員の人たちが困難を乗り越えていく姿に感動すると思われる。

⑸　**本資料を生かした授業の工夫**

体験活動（クリーン作戦・廃品回収・そうじ・エコ活動など）と本資料を関連させて指導すると，子どもたちは実生活とつなげて考えることができる。また，全教育活動における道徳教育の工夫と要となる道徳の時間のあり方を考えて取り組むことができる。

(6) 展　開　例

<table>
<tr><th>学　習　活　動</th><th>指導上の留意点</th></tr>
<tr><td>1　ごみが散乱している写真を見て，ごみ捨てのマナーについて考える。
2　資料「ごみ減量大作戦」（前半）を読む。</td><td>・どのようにしたらみんながマナーを守れるようになるのかについて自由に話させる。
・ごみ推進委員の苦労について考えさせる。</td></tr>
<tr><td colspan="2">発問①　「マナーを守らない人を探して，注意しなければならない推進委員の人たちはどんな気持ちでしょうか。」</td></tr>
<tr><td>・なんで自分がおこられなければならないのか。もういやだな，この仕事。</td><td>・活動が認められずに落胆する推進委員の人たちの心の葛藤に気づかせる。</td></tr>
<tr><td colspan="2">発問②　「いっしょうけんめい考えた標語の取り組みが失敗に終わったとき，推進委員の人たちはどんなことを考えたでしょうか。」</td></tr>
<tr><td>・どうしたら，ごみが減り，マナーもよくなるのかな…。
・もうこの仕事をやめたいな…。
3　資料「ごみ減量大作戦」（後半）を読む</td><td>・あきらめたい気持ちと目標へ向かってあきらめたくない気持ちのどちらが大きいかについて，考えさせる。
・落胆した気持ちを克服したひみつを考える。</td></tr>
<tr><td colspan="2">発問③　「推進委員の人たちは，いやなことがあっても，どうして9年間もこの仕事をやり通すことができたのでしょうか。」</td></tr>
<tr><td>・当番制などいろいろ工夫していくうちに楽しくなり，好きになってきたから。
・協力してくれる人が多くなってきたから。
4　自分の生活とつなげて考える。</td><td>・目標に向かって工夫することにより，協力してもらったり，認められたりすることで情熱がわき，がんばり通せることができることに気づかせる。</td></tr>
<tr><td colspan="2">発問④　「みなさんも，地域や学校，学級のためにがんばり通していることはありますか。そして，どうしてがんばり通せているのか考えましょう。」</td></tr>
<tr><td>5　地域や学校のために長年にわたり尽力されている人の話を聴く。</td><td>・ごみに限らず，地域や学校のために力を尽くしている人の話を聴いて終わる。</td></tr>
</table>

(7) 評価のポイント

目標に向かってがんばるごみ減量推進委員の人たちの熱意について考えを深め，自分でやろうと決めたことを最後までくじけずにやり通そうとする気持ちを高めることができたか。

村のお医者さん

根本　洋子

　昭和三十年、住民の強い期待を背負《せお》って、生板《まないた》診療所《しんりょうじょ》は開設しました。当時、生板地区には医者がいませんでした。外科医となると河内《かわち》村（現在の茨城《いばらき》県稲敷《いなしき》郡河内《かわち》町）には一人もおらず、きん急の手術《しゅじゅつ》をしなければならないときなど、二十キロメートルもはなれた市の病院へ、なんとか交通手段《しゅだん》をさがして行くしかありませんでした。

　私は昭和四十一年、役場勤務《やくばきんむ》から診療所勤務に移《うつ》りました。そのとき、一年という約束で診療所にいらしたのが、中原呉郎《なかはらごろう》先生でした。中原先生はだれにでもやさしく誠実《せいじつ》で、先生と出会ったことは私にとって幸せなことでした。

　中原先生の生活は昼も夜もないような毎日でした。百人近い外来《がいらい》かん者を診察し終わるのは午後二時をまわります。昼食もそこそこに病室を見回って歩き、それがすむと村の家々に診察に出かけます。村のあちこちに、歩けない老人や寝《ね》たきりのかん者が待っていたからです。村回りを終えて帰ってきた車の後ろで、「グォー、グォー」とおおいびきをかいて寝《ね》ているすがたを見ることもしばしばでした。ひと晩《ばん》に二件の手術をすることもめずらしくありません。夜中の急かんにもこころよく応じました。わたしも看護師《かんごし》さんたちも、先生の小柄《こがら》な体のどこにそんな体力、気力があるのだろうと、不思議に思ったほどでした。

　約束の一年が過《す》ぎるころには、かん者にとっても村にとっても中原先生はなくてはならない存在《そんざい》になっていました。でも、山口《やまぐち》（山口県のこと）に帰る中原先生を引き止めることはできませんでした。中原先生の一番上の兄は中原中也《ちゅうや》という有名な詩人でしたが、若くしてなくなっています。祖父の代からの医院を中原先生がつぐのを故郷《こきょう》の人たちも、首を長くして待っていたのです。

　その後、診療所では、医師が何人か交代でかん者をみる形になりました。そのためかん者の数が減《へ》り、ひどい赤字経営《けいえい》になってしまいました。村の財政《ざいせい》も苦しかったので、赤字をうめるのは大変でした。かといって、村民のための医療《いりょう》の火を消すわけにはいかないのでした。

（このままでは、診療所がつぶれてしまう。）

わたしは中原先生のところへ行こうと決心しました。村では、お金は多くは払えません。しかも、中原先生は開業して、まだ一年足らずです。むちゃくちゃな話でした。しかし、わたしはわらにもすがる思いで、三〜四か月ごとに山口へ出向きました。一週間に一度は長い手紙を書いて、

「河内へ帰ってきてはくれませんか……。」

とお願いしました。この間にも、村では、たくさんの費用が医師さがしにかけられていました。

中原先生は、日本の各地で、多くの人々の期待を受けて出発した診療《しんりょう》が医師不足で次々とつぶれていっている現状《げんじょう》をよく理解《りかい》していました。中原先生の頭の中には、自分を信頼《しんらい》してすがるような目で、体をみてもらっていた村の人たちのすがたが浮かんでいたにちがいありません。まもなく、待ちのぞんだ返事をもらうことができました。山口へ出向いたときに

「野平《のひら》さん……。河内の診療所で、また働かせてもらいますよ。」

と中原先生はおだやかにおっしゃいました。わたしは中原先生の決断《けつだん》に、はかりしれない喜びと感謝《かんしゃ》の念《ねん》でいっぱいでした。

再び診療所での仕事が開始されると、前にもまして中原先生の情熱《じょうねつ》と努力は、私たちを圧とうしました。かん者さんは中原先生を心からしたい、信望《しんぼう》は絶対的《ぜったいてき》なものがありました。

「薬も注射《ちゅうしゃ》もいんねえよ。先生の手で脈をみてもらえれば、そんでいい。」

などと言う人もいました。

「心配せんでいいですよ。ぼくがきっと治してあげますからね。」

こんな中原先生の言葉に、どれほど多くの人が元気づけられたことでしょう。診療所が閉じるまでの七年間、村民のために一人でがんばり通してくれたのです。

■資料

　中原先生のかん者さんの一人であった荒井《あらい》ときさんは先生をしのんで作られた文集に「村のお医者さん」という題でこんな文章をのせています。

「先生に診察していただくために、かん者さんはあふれるようになりますので、わたしも早めにと待合室へ入ってゆきます。先生の診察が始まるのは九時からとなっていますが、先生は必ず判《はん》でおしたように、三十分前に出勤《しゅっきん》されておりました。待合室のかん者さんときげん良くあいさつをかわされて、病室のほうへと、気ぜわしげにかけ足で去ってゆかれる先生の白衣の後ろすがたは、昨日のことのようにあざやかに思いうかびます。

…………　略　…………

　わたしが先生に出会って以来、不思議な思いがしていましたことは、世の中には、いまだにこんなにも心の美しいお医者さんがいらっしゃるのだな、ということでありました。先生のような方が、どうして河内村に八年間もいてくださったのかも、不思議に思います。わたしに〔書く〕という能力《のうりょく》があって、発言力があれば、〔河内村にはこんな先生がいらっしゃいますよ〕と世の中の人たちにうったえたいような気持ちでした。わたしのような者がいうのは生意気《なまいき》なようですが、テレビに映る先生たち、有名病院で会った先生たち、そういう先生たちにはない特別《とくべつ》のみりょくを先生は持っていらっしゃいました。中原先生の胸底《むなそこ》には特別に、美しい魂《たましい》がしずめられていたのではないでしょうか。

　このあち、わたしの生《しょう》がいで先生のようなお方にめぐり合えることはもうございません。さようなら先生。」

［参考資料］

野平和男氏著「生板診療所のお医者さんたち」（郷土研究誌『かわち』所収）

中原呉郎追悼集

学習指導案：村のお医者さん

⑴　主題名

みんなのために
―「先生！　帰ってきてください。」みんなの願いに先生は……―
〔小学校・高学年　4―⑷・社会に奉仕する喜び〕

⑵　本時のねらい

社会に奉仕する喜びを知って，公共のために役立とうとする態度を育てる。

⑶　本資料の概要

この資料は河内村生板（現：茨城県稲敷郡河内町）の診療所とそこで医師として誠心誠意診療にあたった中原呉郎先生を題材にした資料である。中原先生は詩人中原中也の弟で，俳人種田山頭火と青春の一時期を過ごした文人でもある。

当時，河内村生板（まないた）地区には医者がいなかった。中原先生は，自分の故郷にある生家の医院を継がなければならなかったため，1年という約束で生板診療所で働いていた。だれにでも優しく，昼夜を問わず献身的に村人の診療を続けてくれた先生は，なくてはならない存在になっていたが，約束の1年がきて，先生は故郷の山口へ帰っていった。

しかし，その後の生板診療所はうまくいかず危機におちいった。村民のための医療の火を消すわけにはいかないと考えた「わたし」は，3～4か月ごとに山口へ出向き，何度も何度も「河内へ帰ってきてはくれませんか。」とお願いした。その願いが通じたのか，中原先生は，開業していくらも経たないというのに，河内村に帰ってきてくれた。

再び診療が開始されると，前にもまして情熱と努力を傾ける中原先生を患者は心から慕っていった。それから，診療所が閉じるまで，中原先生は一人で頑張り続けたのだった。

⑷　本資料のよさ

① ここでは，一度実家の医院を継ぐため山口に帰った中原先生が，河内の診療所の窮状を察して戻るかどうか苦悩する場面に中心を置いた。「わたし」に「また帰って来てください。」と懇願され，故郷にいて，なお，河内の人々の切なる思いに心揺れる先生……。河内に戻る決心をした中原先生の気持ちに焦点をあてることで，主題に迫ることができる。

② 中原先生の超人的とも思える活動と村民から寄せられた絶大な信頼は，中原先生の人

柄と，社会への奉仕の精神がその根幹にある。中原先生の生き方に触れ，自分を振り返ることができるであろう。

③　終末資料として，中原先生の追悼集のなかの手紙の1節を載せた。先生への深い感謝の念が朴とつな言葉で表されており，心を揺さぶる。終末で読み聞かせ，中原先生への深い感謝の念を感じさせて余韻を残して終わるとよい。

⑸　本資料を生かした授業の工夫

①　事前指導

「心のノート」の「働くってどういうこと？」のページを使って，事前に働くということを児童がどのように考えているか書かせておく。手元にない場合は，文部科学省のホームページからダウンロードする。自己実現のために働く意義を感じる子や家族のため，みんなのために働くことに意味を見つける子もいるであろう。ここでは，その考えを受け止めておき，授業の中でのそれぞれの考えの変容を見取る。

②　座席移動

話し合いの場面では，同じ意見をもつ児童が，座席移動をして自分の考えをはっきりさせ，意見交換をすることで中原先生の揺れる心をとらえさせる。考えが変わった子がいたら，その考えを十分聞き，そこから他の子どもにも考えを深めさせたい。家や親の職業を継ぐということを実感できる児童がいたら，話し合いの流れの中で意図的に指名することも考えられる。

③　雰囲気づくり

資料を用いて中原先生の気持ちを考えさせるところでは，白衣を着て聴診器を下げ医師の雰囲気を出す。展開の後段のところでは，白衣を脱いでいすに座り，児童と同じ目の高さで話し合えるようにする。

④　体験活動との関連

本時と体験活動や各教科，日常との関連はしっかり計画を立てておく必要がある。自己を振り返る場面で表面的な感想で終わらせないために，事前に実態調査を行っておくとよい。学校行事などの特別活動等で関連した体験活動を行う場合は，視点をはっきりさせて感想文などを書かせておくことがきわめて有効である。

⑤　手紙の活用

前記の通り

(6) 展　開　例

学　習　活　動	指導上の留意点
1　「働く」とはどういうことか発表する。 ・「心のノート」に書いたことを発表する。 **2**　資料「村のお医者さん」を読んで，中原先生の心情について考える。	・自己実現や家族のため，みんなのためと観点はいろいろ出てくるであろうが，ここは，意識づけができればよい。
発問①　「中原先生はどんな気持ちで，１年間，村の人たちの診療にあたったのでしょう。」	
・１年間しかいられないが一生懸命やろう。 ・つかれるけれど，みんなが待っている。	・マイナス価値がでたときには，寝る間もなく働いた中原先生をクローズアップして考えるようにする。
発問②　「『河内へ帰ってきてはくれませんか……』と何度も頼まれたとき，中原先生はどんなことを考えたでしょう。」	
・山口にもかん者はいる。 ・祖父の代からの医院を続けなければ……。 ・何度も遠くまで来て必死なんだな。 ・診療所がなくなったら大変なことだ。 ・河内ではかん者さんが困っているだろう。	・診療所が経済的に大変なこと，村民のための重要な施設であることを押さえておく。 ・座席移動を取り入れ，河内の人々への思いと家の事情の間で苦悩する中原先生の心情を十分考えられるようにする。
発問③　「中原先生はどんな気持ちで『河内の診療所で，また働かせてもらいますよ』といったのでしょう。」	
・みんなが私を待っていてくれる。 ・河内の人たちのために働こう。 **3**　自分自身について振り返り，奉仕の体験について発表する。	・「わたし」の熱心な要請に心を打たれたことだけでなく，村民のために決意したことをとらえられるようにする。
発問④　「みんなの役に立つために，何かをしたことがありますか。」	
・地区の清掃活動。 ・募金，バザー。 ・ボランティアで施設の訪問。 **4**　中原先生の追悼集の中の手紙を聞く。	・行為だけでなくそのときの気持ちも引き出し，自己を振り返らせる。 ・温かくなった気持ちを思い起させる。 ・追悼集の手紙を紹介し，教師自身が感情をこめて読み，余韻をもって終わる。

(7) 評価のポイント

社会のために働くことのすばらしさを感じ，みんなのために自分ができることをしようとする気持ちを高めることができたか。

［小学校・高学年　１―⑵・希望・努力］

光あふれる園

中嶋　博子

東京都青梅《おうめ》市に聖明園（せいめいえん）という目の不自由なお年寄りのための施設があります。その園をつくられたのは、本間《ほんま》昭雄さんです。本間さんご自身も目がまったく見えないのです。聖明園は、創立後五十数年を迎えました。この間の本間さんの人生は、数多くの汗と涙の結晶のドラマがありました。

《本間さんのインタビューから》

私は、野球が大好きなスポーツ少年でした。代々医者の家系だったので、私も医者になりたいと勉強を始めた十九歳のときに、とつぜん悲劇《ひげき》がおそいました。かぜをひき、四十度近い熱が出て、右うでに一本の注射をしました。その注射が神経にささり、右手が不自由になり、その治療のために三回もの大手術を受けましたが、二十歳で失明してしまいました。

医者をめざして勉強していた私は、「なぜ、私がこんなめにあうのだ！　この世には、神も仏もないのか！　もう、生きていく夢も希望もない！」と、絶望の毎日を送っていました。まわりでは、たくさんの人が私を励まそうとしてくれましたが、目が見える人たちがいくら言っても、そのときの私の心には届きませんでした。

そんなある日、私はおじいさんが言っていた言葉を思い出しました。「一度しかない自分の人生をどう生きるのか。絶望にあっても夢や希望をもって、生き抜いていくことが人の生きる道である。そして、自分のことだけを考えるのではなくて、人のために生きなさい。」と。

私は、医者になれなくても同じように苦しんでいる人たちの福祉に一生をささげようと決めました。

私は、点字というものがあることを知り、一生けん命に覚えました。失明から三年後、学校（今の日本社会事業大学）に通い始めました。その学生時代に、私の歩行介助《かいじょ》をしてくれたり、いつも励まし続けてくれたりした看護師《かんごし》さんがいます。その人こそが、今の私の妻です。

そのころの日本はやっと戦争が終わった時代でした。ほとんどの人は自分たちの生活で精一杯でしたから、まだ、社会福祉という考え方は広まっていませんでした。

私は、家に閉じこもりがちな目の不自由な人の家を一軒一軒訪ねることから始めました。でも、私が白いつえをついて訪問すると、「近所のうわさになるから来ないでくれ。」と言われたことがあります。また、目の不自由な人たちは「これから先、年をとったらどうなるんだろう」という大きな不安をかかえていることを知りました。そのころから、私は目の不自由なお年寄りのための施設をつくりたいと強く考えるようになりました。

それから、資金作りの一つとして、「愛のえんぴつ運動」といって、各学校を回って一本の鉛筆を買ってもらうことも始めました。

ところが、ある日、寄付のお願いに会社に行ったとき「白いつえをついて物乞《ものご》いに来たのか。」と追い払われたこともありました。本当にくやしくて悲しくて残念でならなかったですね。どうしたら私の思いがわかってもらえるのかと、とても悩みました。

そして、施設をつくるための土地探しにも苦労しました。地主さんにお願いに行くと、「本当にホームをつくる気があるのかね。ひょっとしたら、この土地を売って、お金もうけをしようと考えているのではないでしょうね。」と二度も門前払いをされたのです。ところが、三度目にお願いに行ったときに、初めて家に入れてくださり、私は、一生けん命に自分の思いを伝えました。すると、「本気でやる気なのですね。」と地主さんがわかってくださり、たくさんの土地を寄付してくださったのです。それが現在の聖明園です。私は、このときほど人様《ひとさま》に感謝し、感動したことはありませんでした。

さらに、こんなこともありました。ある町工場の社長さんは、自分も年をとって、目が見えにくくなってきたので、施設をつくるための資金にしてほしいと毎年百万円ずつ送金してくれたんですよ。

私は、失明したからこそ今日の私があると思っています。失明に感謝です。そして、出会った人たちへの限りない感謝、ただ感謝の二文字なんです。私は、いつも誠意をもって、夢や希望を追い続けていると、必ずまわりの人たちが支えてくださると信じています。時が、そして、人が、すべてを解決してくれるんです。

本間さんは、そこまで話されると、近くのお年寄りの手をそっとにぎりながら、次のように話してくださいました。

「私たちは、手と手をふれるとね、心と心が通じ合うんですよ。その人の声を聞けばね、その人の表情がわかるんですよ。」と。

［小学館「小六教育技術」二〇〇六年五月号より転載］

［資料］

本間昭雄（ほんま　あきお）：昭和四年生まれ。日本で最初の盲大学生奨学金《しょうがくきん》制度を設立した。現在多くの奨学生が、弁護士、大学教授、音楽家などとして、第一線で活躍している。平成十九年度塙保己一賞（はなわ　ほきいちしょう）大賞受賞（第一回）。江戸時代後期の全盲学者「塙保己一」のように障害がありながらも顕著な活躍をした人を表彰するものである。

受賞の際の本間さんのコメント「本当に私でいいんだろうかという思いです。決してその名を汚してはいけないと思います。世のため人のために福祉という広い分野で貢献できれば、こんな幸せな人生はありません。」

学習指導案：光あふれる園

⑴　**主題名**　　夢に向かって―失明に感謝！　社会福祉への道―
〔小学校・高学年　1－⑵・希望・努力〕

⑵　**本時のねらい**

より高い目標を立て，希望と勇気をもってくじけないで努力しようとする心情を育てる。

⑶　**本資料の概要**

スポーツが好きで医者になる夢を追いかけていた本間さんは，1本の注射が原因で20歳のときに失明してしまう。それからは，「もう生きていく希望などない！」と絶望の日々を過ごしていた。そんなときに医者だった祖父の言葉を思い出し，医者になれなくても，同じように苦しんでいる人たちの福祉に一生をささげようと決意する。

それから点字を独学で学び，学校を卒業して本格的に福祉活動を始めた。闘病中に知り合った看護師だった奥さんと本間さんの福祉施設設立に向けてのドラマの始まりである。本間さんたちの苦悩する姿と熱意は周りの人の心を少しずつ変えていった。当時は利用者50人でスタートした園も，今では280人の大所帯となり，50年以上が経つ。「利用者と共に」を理念にされている本間さん夫妻は，聖明園設立以来，ほとんど毎日利用者と寝食を共にしてきた。

「私は，失明したからこそ今日の私があると思っています。失明に感謝です。そして，出会った人たちへの限りない感謝，ただ感謝の二文字なんです。」と語る本間さんの生き方から多くのことを学びたい。

⑷　**本資料のよさ**

目が不自由になった本間さんは，くじけず挫折感を克服し，屈辱をバネにして，視覚障害者と共に生きていくことを決意する。本資料は，人として豊かに生きるとは何か，自分らしく生きるとは何かを問いかける。今の子どもたちの実態は，自分自身に自信がもてず，すぐあきらめてしまいがちな現状がある。そこで，本間さんの夢や希望を追い続ける姿を通して，子どもたちに自分の生き方をじっくりと見つめることができる機会にしたい。

⑸ 本資料を生かした授業の工夫

① 問題追求的な発問の工夫

子どもたちが自分なりの問題意識をもち，自ら考えたくなるような場面を授業展開の中心になるように構成する。まず，発問①で，一番心に残ったことはどんなことかと聞く。そして，子どもたちの意見の中からみんなで考えたいことは何かと問題を見つけさせる。

本資料の授業の中心となるポイントは２つある。

１つ目は，本間さんの絶望的な気持ちから，周りの人々の支えのおかげで，自分の夢や希望をあきらずに施設完成を迎えるまでの場面である。そのときの本間さんの気持ちが苦しみ，つらさ，悔しさをバネにして，うれしさや感動に変わっていくまでを想像させることを通して，共感的に考えさせたい。

２つ目は，本間さんが「失明に感謝！」と話す理由を子どもたちなりに考えて，生きがいについて話し合ってみたい。そして，子どもたち一人一人が自分の夢や目標について考え，「自分自身はこれからどう生きていきたいのか」について見つめる話し合いへとつなげていく。

② 小グループの意見交流活動

１時間の授業の中心となる場面では，３～４人のグループによる意見交流活動を通して考えさせる。そこで，子どもたちの多様な感じ方や考え方を交流させて，いろいろな考えがあることに気づかせたい。

小グループ活動を取り入れると，ふだん発言の苦手な子どもたちも気軽に意見交流活動に参加でき，友達の意見を聞いて自分の考えを広めたり，深めたりすることができる。中心発問は，「失明したからこそ今日の私がある。失明に感謝！」と語る本間さんの思いについて考えさせる。

③ 「心のノート」の活用

自分の生活を振り返る場面で，「心のノート」を活用して考えさせる。キーワード「目標に向かう道にはいろいろなことがある」を参考にして，自分のこれからの生き方を考えさせたり，自分の気持ちを記述させたりする。手元にないときは，文部科学省のホームページからダウンロードして用いるようにする。

「心のノート」は，わかりやすい絵や写真が数多く掲載されていて，心に響く言葉がぎっしりと詰まっている。それぞれの授業の中で工夫して活用していけるとよい。

(6) 展　開　例

学　習　活　動	指導上の留意点
1　自分の夢について話し合う。 **2**　資料「光あふれる園」を読んで，話し合う。	・日常生活からねらいとする価値への方向づけをする。
発問①　「一番心に残ったことはどんなことですか。」	
・失明した本間さんは，ずっと夢をあきらめずに生きてきたから，本当にすごい人だ。 ・本間さんが絶望から，夢をもって聖明園をつくったこと。 ・本間さんが「失明に感謝！」と言えること。	・子どもたちの感想を生かして発問構成を考える。
発問②　「失明したとき，本間さんはどんな気持ちになったでしょうか。」	
・なぜ私がこんなめにあうのか。 ・生きていく夢も希望もなくなった。	・絶望した苦しみや悲しみを十分に共感させる。
発問③　「『失明したからこそ，今日の私がある。失明に感謝！』と語る本間さんは，今はどんな気持ちなのでしょうか。」	
［小グループで意見交流］ ・たくさんの人が私を支えてくれた。あきらめずに生きていると夢は必ずかなう。 ・絶望した日もあったが，一生懸命に生きていると必ず道は開ける。 ・失明したためにたくさんの人との出会いがあり，支えられて生きてこられた。聖明園を続けることは，私の生きがいだ。 **3**　自分自身の目標への努力について書き，発表し合う	・まわりの人々の励ましが心の支えになったことに気づかせる。 ・本間さんが夢や希望をあきらめずに生きてきたことに気づかせる。 ・３～４人のグループで意見交流をし，多様な感じ方・考え方があることに気づかせる。
発問④　「自分の目標に向かって，これからどんな努力をしようと思っていますか。」	
・すぐにあきらめずに，自分にできる小さなことから続けていきたい。 ・野球選手を目指して夜の素振りの練習をしているけど，これからも続けていきたい。 **4**　教師の体験に基づく話を聞いてまとめる。	・「心のノート」を活用して考えさせ，自分の気持ちを記述させる。

(7) 評価のポイント

・小グループで，友達と多様な感じ方や考え方を交流できたか。

・自分の目標に向かって努力していこうとする気持ちを記述することができたか。

［小学校・高学年　3―(1)・生命尊重］

いのち輝いて
―全盲のランナー高橋勇市《ゆういち》―

齋藤　道子

2004 年アテネ・パラリンピック
男子フルマラソン全盲の部
ナンバーカード　1631番
順位：１位　金メダル
記録：２時間44分24秒

ワーワー！　われんばかりの大歓声《かんせい》の中、高橋勇市がスタジアムに入ってきました。最後の力を振り絞って、ゴールを目指します。がんばれ、高橋！　やりました！　高橋、金メダルです。今、念願の金メダルを手にしました。

これは、二〇〇四年のアテネ・パラリンピックのフルマラソンで、みごと金メダルに輝いた全盲のランナー高橋勇市さんのお話です。

高橋さんは、一九六五年、秋田県の横手市に高橋家の長男として元気に生まれました。明るくやんちゃな小学校生活を送り、中学では、陸上部に入り、毎日汗まみれになって練習に励みました。

そんな高橋さんでしたが、高校二年生（十七歳）のとき、学校の眼科検診で目に異状が見つかり、病院に行くと、難病である網膜色素変性症《もうまくしきそへんせいしょう》と診断され、「二十歳くらいまでには、完全に失明するでしょう」と医者から宣告されました。

その後、視力は徐々に衰え、高校三年生になると、見える範囲がだいぶ狭くなって、受験勉強をするのもかなり大変でした。高校の先生は、その様子を見て高橋さんに福祉関係の大学へ行くことをすすめました。高橋さんは、不服でしたが、推せんを受けて受験することにしました。虫めがねとルーペを使い、問題用紙に顔をすりつけるようにしてテストを受けました。けれども、文字がよく見えず、問題文を読むのが精一杯で不合格となってしまいました。その後、ほかの大学もいくつか受けましたが、どれも不合格となってしまいました。がっかりしている息子の姿を見たお母さんは、「来年、もう一度受験すればいいだが。」と励ましました。そして高橋さんは、親元をはなれてたった一人で、仙台の予備校に通うことになりました。

予備校初日、高橋さんは、新たな気持ちで一生けん命勉強しようと、だれよりも早く行って、いちばん前の席に座りました。けれども、黒板の字が見えないばかりか、教科書の字も見えず、大変なショックを受けました。思いどおりにいかない自分に自信をなくして、だんだん学校に行かなくなってしまいました。両親には、心配をかけると悪いと思い、電話がくると「ちゃんと勉強をしているよ。」とウソをつきました。

夏になり、久しぶりに秋田の眼科に行きました。右目が〇・〇八、左目が〇・〇六で、もうだいぶ見えなくなっていました。「あと一年で失明するのか……」いたたまれない気持ちに胸をしめつけられました。そして、足早に家に帰ると一人部屋に閉じこもって、泣きました。思いっきり壁《かべ》をバンバンけとばしました。でも、つらくなるばかりでした。

そして、とうとう思いあまって、机の中からカッターナイフを取り出し、その刃を手首に当てたのでした。その時です。ずっと心配して様子をうかがっていた母親があわてて二階にかけつけました。そして、息子の手をぐっとつかんで、カッターナイフを取り上げました。

「おめのごと産んだ、かあが悪がった。生まれできてねば、こんた思いをさせねですんだはずだども、めぶがねな（ごめんな）。代われるんだば、かあの眼と交換してけるのに、めぶがねな。」

そう言って泣きくずれたのでした。

高橋さんは、そんな母の姿を見て胸がつまりました。「これ以上、母を苦しめてはいけない。」「かあ、許してくれ。」高橋さんは、母にしがみついて、その胸の中で大声をあげて泣きました。

その後、仙台の予備校をやめ、おじさんのすすめで、埼玉県の国立身体障害者リハビリテーションセンターに通うことになりました。初日に、目の不自由な人の必需品である白い杖《つえ》と点字の本を渡されました。高橋さんは、まだ少しは見えていたので、

まったく目の見えない人とみなされたのが、とてもショックでした。

「おれは、まだ目が見えている。」心の中では、必死でそう叫んでいました。

それから、二年の月日が過ぎ、二十二歳のときにあん摩《ま》マッサージ指圧師、はり師、きゅう師の国家試験に合格しました。そして、それからは、様々な苦労をしながらマッサージ師として働き、二十九歳のときには、沖縄で仕事をしていました。その年の七月、アトランタ・オリンピックが開かれ、有森裕子《ありもりゆうこ》さんが女子マラソンで銅メダルをとったことなどがラジオから流れました。

八月のある日、高橋さんが、いつものようにラジオを聞きながら仕事をしていると、パラリンピックで柳川晴己《やながわはるみ》選手が全盲フルマラソンの部で、みごと金メダルを獲得したというニュースが流れました。

「全盲の人が金メダルだって？」高橋さんは、このとき、初めてパラリンピックの存在を知り、とても驚きました。そして、それ以来、高橋さんの頭からパラリンピックという言葉がはなれなくなり、お客さんのマラソン選手に、パラリンピックのことをくわしく聞きました。そして、話を聞くうちに、自分も走ってみたいと思うようになりました。高橋さんの思いは日に日につのり、とうとう意を決して一人で練習を始めることにしました。

けれども、それは、高橋さんが思い描いたものとは違い、想像を絶する大変さでした。数十メートル走るだけでも、何度も何度もころびました。体は、傷だらけになりました。けれども、高橋さんは、決して走るのをやめませんでした。いろいろと工夫をしながら、黙々《もくもく》と練習を続けました。

あるときは、タクシーの運転手さんに頼んで、先に走ってもらい、エンジン音を頼りに走りました。また、あるときは、タクシーの助手席側の窓につかまって走りました。また、タクシーが使えないときには、友だちのバイクの荷台につかまって練習をしました。つらくて苦しい練習でした。けれども、雨の日も風の日も、一日も休まずに練習を続けました。

三十一歳。視力はさらに落ち、もはや一人では走れない状態になりました。そこで、伴走者と一緒に練習をすることになりました。しかし、伴走者は、なかなか見つかりません。やっと見つかったと思って頼むと、お金もそれなりにかかりました。高橋さんは、そのお金をかせぐために昼も夜も働きました。睡眠時間は、いつも二、三時間でした。

三十三歳。がんばって練習を続けたかいあって、シドニー・パラリンピックの選考会である福知山マラソンに出ることになりました。しかし、当日、左足に激痛がはしり、もうこれ以上は走れないという状態になりました。パラリンピック出場まで、あと一歩というところでしたが、やむなく途中で棄《き》権《けん》しました。診断結果は、左大たい骨けい部骨折でした。そのまま四ヶ月間の入院となりましたが、ひたすらパラリンピックに出ることを夢見て、つらいリハビリにも歯を食いしばって耐えました。

三十七歳。目は、すでにまったく見えなくなっていました。十一月、アテネ・パラリンピックの選考会である福知山マラソンの日となりました。運命をかけたレースでした。高橋さんは、自分の力を出し切って、我を忘れて精一杯走りました。そして、みごと一位でゴールし、とうとうパラリンピックへの出場権を手に入れました。

三十八歳。二〇〇四年九月二十六日。アテネ・パラリンピックの男子フルマラソン当日を迎えました。高橋さんは、午前三時に起床し、四時に朝食をとりました。七時半、医者に痛み止めの注射を右アキレスけんに打ってもらい、八時一分、ピストルの合図とともにスタートしました。

伴走者と呼吸を合わせながら、無我夢中で走りました。途中、足に痛みを感じて右アキレスけんが最後までもつかどうか心配になりました。

「まもなくスタジアムに入りますよ。足下段差、注意。」伴走者の中田さんが言いました。路面が急に柔らかくなり、その拍子に足がつまずいて、前につんのめってころびそうになりました。「あと五百メートルだ。足よ、どうかもってくれ。」祈る気持ちで必死でもがき走りました。

「あと百メートルです。スピードをあげましょう。抜かれてしまいます。早く、早く。」中田さんに言われて、必死で走り、やっとゴールにたどり着きました。全身の力が一気に抜けて倒れそうになりました。「やったー、高橋。よくがんばった。よく最後までほんとうによくがんばった。」たくさんの声がスタジアムにわき上がりました。

しばらくして、表彰《しょう》式が始まりました。

「ゴールドメダリスト　ユウイチ　タカハシ。」

大きな拍手とともに歓声がひびきわたりました。台の上にあがり、首には金メダルをかけてもらい、頭には月桂冠《かん》をのせてもらいました。日本の国歌が静かに流れました。体全体に鳥はだが立ちました。ずっしりとメダルの重さが伝わってきました。うれしさが、ぐっとこみ上げてきました。涙がどっとあふれ出ました。

「今日まで、夢をあきらめずに走り続けてきて、ほんとうによかった。

今日があるからこそ、これまでの悲しみと苦しみをすべて忘れることができる。

あのとき、死なくてよかった。生きていてよかった。みんなありがとう。生まれてきてほんとうによかった。」（高橋勇市）

学習指導案：いのち輝いて―全盲のランナー高橋勇市―

⑴　主題名　かけがえのない命

〔小学校・高学年　3 ―⑴・生命尊重〕

⑵　本時のねらい

命があることのすばらしさを感じ取り，自他の命を大切にして生きていこうとする心情を育てる。

⑶　本資料の概要

高橋勇市さんは，1965年，秋田県横手市に生まれ，やんちゃな小学生時代を送り，中学・高校時代は陸上の練習に励んでいた。しかし，17歳のとき，難病である網膜色素変性症と診断され，「20歳までには失明するだろう」という衝撃的な宣告を受けた。初めは，「ウソだ」と自分に言い聞かせ，何とか前向きな気持ちで生きようとしたが，視力は徐々に失われ，不安と恐怖にさいなまれて過ごす中，ある日，将来への絶望感から自暴自棄になり，刃物を手にした。異変をいち早く感じ取った母が間一髪，それを制し，危機的状況を切り抜けた。その後，愛情深く見守る家族や，身近な人々の温かな支えによって徐々に気持ちを立て直し，マッサージ師になるための学校へと進み，21歳にしてみごと国家試験に合格した。30歳を迎えたある日，アトランタ・パラリンピックで，全盲の日本人選手がマラソンで金メダルを獲得したというニュースに胸がときめいた。「自分も昔のようにもう一度走ってみたい。パラリンピックに出てみたい」。希望が，そして勇気がわいてきた。早速，夢の実現に向けて練習を始めたが，現実は想像を絶する苦難の連続であった。しかし，どんなにつらくても決してその夢をあきらめることはなかった。

2004年，ついに念願のアテネ・パラリンピックの出場権を獲得した。夢中で走り抜き，とうとう念願の全盲の部，男子フルマラソンでの金メダルを手に入れた。熱い涙が止めどもなく流れた。「今日まで夢をあきらめずに走り続けてきてほんとうによかった。あのとき死ななくてよかった。生まれていてよかった。みんなありがとう。生まれてきてほんとうによかった」

⑷　本資料のよさ

本資料は，高橋勇市さんの実話である。その当時の映像に加え，2008年の北京オリンピックにも出場していることから，NHKをはじめとする優れたドキュメント番組もいくつかあり，道徳の授業を行うに際して多くの情報を補助資料として活用することができる。また，ヒーローとしてだけではなく，一人の人間としても大変に魅力的な人であり，障害に負けることなく命あることを心の底から喜び，前向きに生きる姿が，多くの人々の心に深く感銘を与え，それぞれの生き方について考える上で多くの示唆を与えてくれる。

平成20年３月に新学習指導要領が出され，道徳教育においては，新たに「自己の生き方についての考えを深められる道徳の時間の指導」の大切さが明記された。この意味においても，本資料は子どもの心に深く響き，自らの生き方についての考えを深める契機となると思われる。子どもの感動を大切にしながら，「命とは何か」「生きるとは何か」について教師自身もまた，子どもとともに深く考えたい。

⑸　本資料を生かした授業の工夫

本資料は，視聴覚資料を活用しやすいことに加え，高橋さん自身が学校教育に対してとても協力的であることから，本事例のようにゲストティーチャー（GT）として参加していただくことも可能である。また本時では，事前に学級活動の時間に「アイマスク体験活動」を行い，見えないことの辛さや怖さを子どもがじかに感じ取っているが，高橋さんをGTとしてお招きし，発問に沿って話し合いを深めていきつつ，その後にその都度じかに話を聞くことで，より感動深く実感を伴って価値の自覚に迫ることができる。

ゴールしたときの映像を資料での話し合い前段の最後にビデオで見せたことで，子ども自身がそのつらさや懸命に今を生きるすばらしさや尊さを感じ取り，なお一層深く実感として価値の自覚を深めることができる。

GTとしてお招きできない場合のことを想定し，GTなしでの授業も行ってみたが，読み物資料と映像だけでも，十分に価値の自覚を深めることができる。

⑹　展　開　例

学　習　活　動	指導上の留意点
1　GTの高橋さんを紹介し，「いのち」や「生きる」ことについて考えていくことを知らせる。（GTとして招くことができない場合はアイマスク体験の感想から入る。） **2**　資料を範読し，高橋さんの気持ちを考える。	・なごやかな雰囲気づくりをし，子どもの発言を生かして学習の問題を設定する。
発問①「失明を告げられたとき，高橋さんはどんな気持ちだったのでしょう。」	

・信じられない。そんなことウソだ。 ・本当ならどうしよう。ショックだ。恐い。	・アイマスク体験を生かし共感的に考えさせる。
発問②「目がだんだん見えなくなっていくとき，どんな気持ちだったでしょう。」	
・現実なのか。生きている意味がない。 ・死んでしまいたい。夢も希望もない。	・死にたいと思う辛さをじかに聞き深く共感させる
発問③「つらい練習やさまざまな困難を乗り越えられたのは，どうしてでしょう。」	
・くよくよしてもしかたがない。 ・自分よりももっと大変な人ががんばっているじゃないか。 ・家族やみんなが自分のことを支えてくれている。申し訳ない。 ・母にもらった命だ。悲しませてはいけない。	・失明の中で生きている自分の命の尊さに気づき，希望をもって前向きに生きようとする姿をとらえさせる。
発問④「金メダルを手にしたとき，高橋さんはどんなことを思ったでしょう。」	
・みんなが支えてくれたおかげだ。 ・やればできる。苦労したかいがあった。 ・あのとき死なないでよかった。死んだら今の自分はなかった。生きていてよかった。	・「命があったからこそ」「あのとき死ななかったからこそ」今の自分があるという点を押さえ，命があることの大切さやすばらしさを感じ取らせる。
3　アテネ・パラリンピックの高橋さんの様子をビデオで見る。	・実際の映像を見ることによって，より内面的に自覚を深める。
4　板書を見ながら，学習の振り返りをする。 **5**　自分の生活を振り返る。	・自分自身を振り返らせ，価値を実感させる。
発問⑤『命があること』や『生きていること』は，すばらしいと感じたことはありますか。	
6　今日の学習で考えたことをワークシートにまとめる。 （GTを招かない場合は，命のメッセージを読んだり，北京パラリンピックのときの映像を見たりする。）	・今なお，新たな目標に向かって前向きに生きている高橋さんの姿から，自他の命を大切にして生活していこうとする気持ちをより深く抱かせる。

⑺　評価のポイント

高橋さんの話や姿から，命があることや生きることのすばらしさを感じ取り，自他の命を大切にして生きていこうとする気持ちが高められたか。

［参考資料］
・高橋勇市著『かけはし』
・高橋勇市ホームページ「可能性への挑戦」http://www8.ocn.ne.jp/~u1.taka/

［小学校・高学年　2―⑵・友情・信頼］

けがをしてよかった

野村　宏行

写真提供：Getty Images

「自分を犠牲《ぎせい》にしてまで人助けをするアンパンマンが大好き。」

これは、日本が世界に誇《ほこ》るソフトボール選手、上野由岐子《うえのゆきこ》選手の言葉である。

二〇〇八年の北京《ぺきん》オリンピックでの「二日で四百十三球を投げ抜《ぬ》く」という感動を日本中に与《あた》える活躍《かつやく》を見せた上野選手。彼女はどんな生き方をし、どのような道を歩んできたのだろう。

上野由岐子は一九八二年、福岡県に生まれた。小さいころからスポーツが大好きで男の子と一緒《いっしょ》に外で遊ぶことも多かった。小学三年生でソフトボールに出会ってからはソフトボールに打ち込む毎日。ふだんは控《ひか》えめで、目立つことは好きではない。部活と体育以外はおとなしく、静かにしていたそうだ。

しかし、集中力は誰《だれ》よりも優《すぐ》れていた。本人が言うには、やってみても興味のないことはすぐに飽《あ》きてやめてしまうとのことだが、好きなこと、大切にしたいことに対しては、ほかの人の言葉が耳に入らないくらい集中する子どもだった。「できないことがあったら、できるまでやる」。それが上野の「あたりまえ」なのである。

期待の選手として、周囲からも注目されていく上野だったが、本人は周りに特別《とくべつ》扱《あつか》いされることをきらった。海外遠征《えんせい》で学校を離《はな》れ、授業が受けられないことを気にして、ふだんの学校生活は精いっぱいがんばった。

また、周りに対しては、気づかいを忘れない。「どんな言葉を選んで話したら、相手はいやな思いをしないのだろう」といつも考え、自分を支えるすべての人への感謝は決して忘れないのだ。そんな素直な気持ち、まっすぐな気持ちが、上野を日本が世界に誇る大選手へと育てていったのだろう。

そんな上野に、大変なことがおこる。高校生のとき、体育の授業で腰《こし》の骨《ほね》を折り、選手生命どころか、ふだんの生活すらままならなくなるような大けがをしてしまったのだ。

母が毎日、自分の仕事や家の仕事を終えてから、病院に来てくれた。仲間もお見舞《みま》いにきて、「大丈夫？」「また一緒にやろうね」と声をかけてくれた。ベッドの上で動けない自分。そして温かく支えてくれる家族、仲間。そんな仲間にふれて、上野の考えが大きく変わっていく。自分の仲間とのかかわりは、本当にこれでよかったのだろうかと自分に問いかけた。

「私はこれまで、自分がおさえれば勝てると思っていた。仲間がエラーをしても、『大丈夫。次は絶対に打たせないから』と、頭には自分のことしかなかった。仲間がどう思っているか、どう感じているかなんて、気にしたことはなかった……。」

けがから復帰した上野のピッチングは、これまでのものとはまったく違うものになっていた。仲間の声を聞き、仲間の存在を感じながら投げるようになったのだ。そこには仲間を信じ、「そっちに行くよ」「打たせてとるよ」という声をかけながらピッチングをする上野の姿があった。

後に上野はこのときのことをこう語っている。

「大切なのはチームメイトを信じること、チームのみんなで戦って勝つこと、そんなあたりまえにも聞こえることがわかるようになってきた。けがをしていなければ、何よりも大切なことに気がつかなかったかもしれない。けがをして本当によかった。いまは、自信をもってそう言える自分がいる。」

大切なことを学び、上野は社会へ、そして世界へ羽ばたいていくことになる。

写真提供：読売新聞　2008年8月12日撮影

［小学校・高学年　1―(3)・希望・努力］

四百十三球の戦い

野村　宏行

二〇〇八年の北京オリンピック。ソフトボールは次のオリンピックでは種目から外れることが決まっている。ソフトボールという競技にとって最後となるかもしれないオリンピックで、日本代表チームは強豪国《きょうごうこく》との試合を勝ち抜き、みごと決勝戦まで進出した。

決勝戦の相手は世界最強のチーム、アメリカである。アメリカは、これまでのオリンピックはすべて優勝《ゆうしょう》。今大会も予選全勝で決勝に勝ち上がってきた。予選での総得点は五十三点、総失点はわずか一点という驚異的《きょういてき》な強さを世界に見せつけてきた。ちなみに、予選二位の日本は総得点二十三点、総失点十三点であった。

アメリカ戦で、日本はエース上野由岐子にマウンドを託《たく》した。前日に行われた準決勝、三位決定戦と上野はすべて一人で投げ抜き、三百十八球を投げていた。疲労《ひろう》がたまっている。爪《つめ》は割《わ》れ、指の皮はめくれている。

しかし、上野はオリンピックでの優勝だけを目指して、どんなつらい練習にも耐《た》えてきた。心と体の準備もしっかりとしてきている。これまでの血のにじむような努力、たくさんの人の思い、すべてをかかえて上野はマウンドにのぼった。

二〇〇八年八月二十一日十八時三十分、日本対アメリカ、オリンピック最後の戦いが始まった。

写真提供：文藝春秋

上野にはつらい思い出がある。

二〇〇四年、夢であったアテネオリンピックには出場したものの、大事な試合で先発をまかせられたのは、ほかの選手だった。監督《かんとく》の信頼《しんらい》を得られなかった自分をくやしく思った。

ソフトボールを続ける意味を失いかけた日々もあった。恩師である宇津木妙子《うつぎたえこ》総監督《そうかんとく》、宇津木麗華《うつぎれいか》監督と一緒にオリンピックで金メダルをとることはできなかった。

しかし、どんな逆境にも負けず、上野はまっすぐに歩んできた。

そして迎《むか》えた二度目の、しかも最後のオリンピック、小さいころからの夢の舞台《ぶたい》である。上野は全力で考え、全力で投げ続けた。日本は一回にいきなり満塁《まんるい》のピンチをむかえるものの、上野の冷静なピッチングで切り抜ける。

ついに三回、日本に待望の先取点が入る。四回にも追加点を入れて二—〇。しかし、四回の裏《うら》、アメリカの主砲《しゅほう》、ブストスにソロホームランを浴び、点差は一点に縮《ちぢ》まってしまう。

一点差が続く厳《きび》しい試合になった。上野は得意の速球ではなく、変化球をうまく使い、打たせて取るピッチングに専念《せんねん》する。ボールを投げるほんの数秒の間に、相手バッターのこと、自分の体の感覚のこと、あらゆることを考えて、一球一球を投げ込んだ。

アメリカの打線が上野を打ち崩《くず》せないまま、ついに最終回、七回を迎《むか》えた。日本は執念《しゅうねん》でもう一点をもぎとり、三—一とする。最後のアメリカの攻撃《こうげき》、上野が投げ、打ちとる。激《はげ》しい打球も仲間がファイン・プレイでおさえこんだ。

上野の九十五球目、二日間を通じては四百十三球目が投じられる。内野ゴロにおさえ、ゲーム・セット！　日本の優勝が決まり、試合会場が、日本中が大きな歓声《かんせい》につつまれた。上野は仲間に肩車《かたぐるま》をされ、歓喜《かんき》の中央にいた。

表彰式《ひょうしょうしき》、人前では泣かないと決めていた上野が涙《なみだ》を流していた。周りの仲間も同じだった。

そして今、上野はボールを投げ続けている。子どもに夢をもつことのすばらしさ、努力を続けることの大切さなど、上野自身が大事にしていることを伝えるために。

写真提供：日刊スポーツ新聞社

■ワークシート

けがをしてよかった

年　組　名前〔　　　　　　〕

①けがから復帰した上野選手は、どんな思いで仲間に声をかけていたのでしょう。

②上野選手のように、仲間を心から信じたことや、仲間のためにつくしたことなど、仲間との思い出話を教えてください。

■ワークシート

四百十三球の戦い

年　組　名前〔　　　　　　　　　〕

①限界を迎えても四百十三球を投げきった上野選手を支えていたものは何だと思いますか。

②上野選手の生き方から、どんなことを学びましたか。自由に書きましょう。

学習指導案：1．けがをしてよかった　2．四百十三球の戦い

⑴　**主題名**　　夢に向かって

1．仲間を信じること　〔小学校・高学年　2－⑶・友情・信頼〕

2．自分を信じること　〔小学校・高学年　1－⑵・希望・努力〕

⑵　**本時のねらい**

1．仲間に対する心づかいの大切さを感じ，心から仲間を信じる心情をはぐくむ。

2．困難を前にしても，強い気持ちをもってやりとげる心情をはぐくむ。

⑶　**本資料の概要**

1．ソフトボール日本代表のエース，上野由岐子選手は，小さい頃から体を動かすことが得意な，元気いっぱいの子だった。ソフトボールでは誰にも負けないような実力をもち，周囲からも注目されていたが，本人はなるべくみんなと同じように生活することを願っていた。友だちをよく気づかい，言葉もよく選んでから話すような子だった。

海外遠征にも呼ばれるような選手になった上野だったが，高校の授業で腰の骨を折る大けがをしてしまう。選手生命どころか普通の生活すら危ぶまれるなか，母の献身的な看護，そして仲間の温かい心づかいに励まされる上野。このけがを通して，心からチームメイトのことを信じる大切さを感じるのであった。

2．日本を飛び越え，世界のエースにまで成長した上野。2008年北京オリンピックを最後に，ソフトボールは五輪の正式種目から外れる。その大会で，上野を擁する日本はみごと決勝まで勝ち進む。決勝の前日，上野は1日に2試合を一人で投げ抜いている。ぼろぼろになりながらも，最後の試合に上野は向かっていった。

大事な試合で投げさせてもらえなった前回のオリンピックのこと，恩師のこと，さまざまなことを背負い，気迫のこもったピッチングをする上野。そして2日間を通じて413球を投げ抜き，金メダルを獲得する。

いまも上野は夢をもつことのすばらしさ，努力を続けることの大切さを子どもたちに伝えるために，投げ続けている。

⑷　**本資料のよさ**

・スポーツ選手の生き方から学ぶことで，興味をもって学習できる。また，女性のアス

リートなので，女子も共感しやすい。

- 上野選手自身の人格がすばらしく，素直にその生き方にあこがれることができる。
- 物語の山場を発問場面と重ねることで，多様な考えを引き出すことができる。
- 2時間扱いの授業とすることで，上野選手に深く興味をもって学習するとともに，学習の積み上げが期待できる。

⑸　本資料を生かした授業の工夫

①　2時間扱いにするよさを生かす

本資料は，上野選手の生き方を2時間にわたって学ぶ。一人の人物を多面的に見つめることで，より実感をもってねらいとする価値に迫っていくことができる。

1時間目では上野選手の紹介に十分に時間をとって興味を引き出したい。2時間目の学習で自分がどんなことを学んだか最後に考えたりすることで，幅をもたせた学習のよさを生かすことができる。

②　上野選手の心情に十分に共感し，さらに「自分は何を感じたのか」を明確にする

上野選手がどんなことを思ってきたのか，子どもたちが自分なりの価値観を感じながら，多様な意見の出る話し合いをする。その際，ただの共感で終わらないようにする必要がある。上野選手への共感を自己のふりかえりにつなげていけるようにしたい。「自分だったらどう考えるか」「自分と比べてどうか」というように，自分と照らし合わせて考えている子どもは，上野選手のことを大いに賞賛する。また，範例的な活用もできるので，「自分が学んだこと」「考えがかわったこと」など，どんな自分にどんな影響があったのか，直接聞くことも効果的である。このように自己のふりかえりを後半に固定するのではなく，子どもたちの思考の流れのなかで柔軟に取り組んでいくことも考えるとよい。

③　視聴覚教材を活用するなど，資料提示を工夫する

スポーツ雑誌などの写真を大きくカラーコピーして提示したり，決勝の様子をVTRで視聴したりするなど，実際に見ることを大切にしたい。それにより興味関心の高さや共感のしやすさが大きく変わってくる。

また，最後の3試合のスコア表を作成し，少しずつ見せていく，そのなかでどんな心情かを問うなど，スポーツであるよさを生かした資料提示も効果的である。

⑹ 展　開　例

第１時「けがをしてよかった」の学習活動	指導上の留意点
1　仲間がいてよかったと思ったことを発表する。	・ねらいとする価値についての方向付けを行う。
2　資料「けがをしてよかった」を読んで，仲間とのかかわりについて考える。 ・上野選手について，簡単な説明を受ける。	・写真やビデオなどを使い，興味を引き出す。十分に時間をとる。
発問①　「大けがをして動けないとき，上野選手はどんな気持ちだったのだろう。」	
・つらい，苦しい。 ・なぜ私がこんな目にあうのだろう。	・動けないときのつらい気持ちに共感できるようにする。
発問②　「仲間のお見舞いを受けたとき，どんなことを考えていたのだろう。」	
・ありがとう。うれしい。 ・こんなにも思っていてくれたなんて。 ・自分はこの思いに応えられていたのだろうか。	・仲間から思いやられること，仲間を大切にする思いについて，多様な意見が出るよう助言する。
発問③　「けがから復帰して，どんな気持ちで仲間に声をかけていたのだろう。」	
・今度は自分が仲間を支えよう。 ・何があっても仲間を信じていこう。 **3**　自分の仲間とのかかわりについて考える。	・児童の言葉で，自由に発想し，表現することができるようにする。
発問④　「上野選手のように，仲間を信じてよかったことや，仲間のためにつくしたことにどんなことがあるか。」	
4　上野選手の仲間への思いを聞く。	・上野選手の言葉を画用紙に書くなどして大きく提示する。
北京五輪での金メダル獲得後，あまりにもその能力が高いので，個人種目を考えたことはないか？と聞かれて上野選手は， 「個人種目をやろうと思ったことはありません。チームスポーツでよかった。だって，一人ではここまでがんばれないですよ。私は一人では戦えない。仲間がいるから戦える。」と答えている。	

第2時「四百十三球の戦い」の学習活動	指導上の留意点
1　オリンピックの決勝戦について知る。 ・準決勝からの日本のスコアを提示する。 **2**　資料「四百十三球の戦い」を読んで，上野選手の努力について考える。	・スコア表を作成し，少しずつ提示する。決勝のスコアは実際に書き込んでいく。
発問①　「きびしい試合の中で，413球を投げ抜いた上野選手を支えたものは，何だったのだろう。」	
・これまでがんばってきたことへの自信。 ・絶対にやりとげる強い気持ち。 ・仲間を信じる気持ち。 ・前回五輪のくやしい思い。 **3**　自分の変化を考え，話し合う。	・上野選手の大変さを詳しく説明する。 ・ものごとをやりとげるときは，さまざまなことがらがそれを支えていることに気づかせる。 ・上野選手のすごいと思うことを，自由に話し合わせる。
発問②　「上野選手の生き方から学んだことは，どんなことか。」	
・なにがあってもあきらめないこと。 ・仲間を思う気持ち **4**　実際の姿を視聴する。 ・オリンピック決勝戦を視聴する。	・素直に表現できるようにする。 ・VTRで視聴する。 ・落ちついた雰囲気で学習のまとめをする。

⑺　評価のポイント

第1時：自分の友だちとのかかわりを見つめなおし，前向きな思いをもつことができたか。

第2時：ものごとをやりとげようとする思いの大切さに気づき，これからの生活に生かしていこうとする気持ちを高められたか。

［参考資料］

・上野由岐子『情熱力。』創英社
・松瀬学『サムライ・ハート』集英社
・月刊 Sportiva 北京五輪総集編　2008年 9/25号　集英社
・隔週刊 Sports Graphic Number　2008年 9/18号 2009年 1/8号　文藝春秋　他
・「北京オリンピック 栄光への道 ソフトボール日本代表」ビクターエンタテインメント
・「北京オリンピック総集編」NHKエンタープライズ

［小学校・高学年　3―⑶・敬虔］

ヘレン・ケラーが目標にした日本人

林　敦司

ヘレン・ケラーが、日本に初めてやってきたのは昭和十二年（一九三七年）のことです。東京の温故学会《おんこがっかい》を訪問したヘレンは、塙保己一《はなわほきいち》の座像《ざぞう》を両手でていねいになでました。そして集まった人たちに、「私は子どものころ、母から塙保己一先生をお手本にしなさいと言われて育ちました。先生の偉大《いだい》な業績にはげまされて、今まで精一杯《せいいっぱい》努力してきました」と語ったのです。

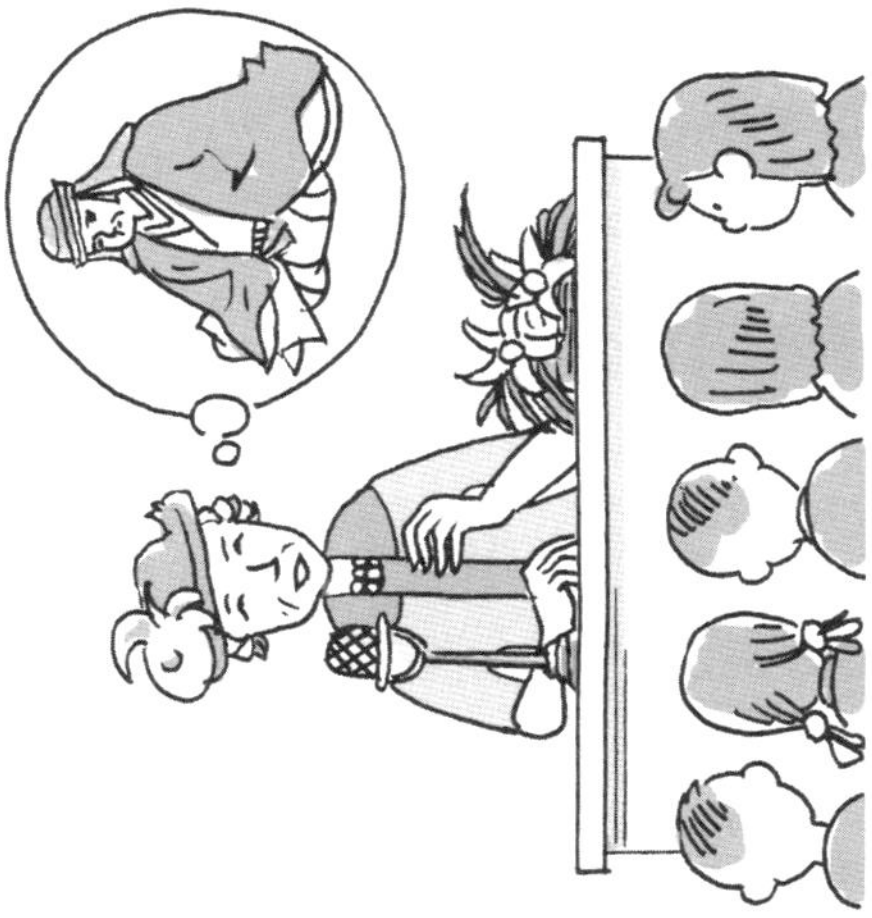

世界の人々から「奇跡《きせき》の人」と言われたヘレン・ケラーが尊敬《そんけい》し、心の支えにした塙保己一とは、いったいどんな人物だったのでしょうか。

塙保己一は、今から二百六十年ほど前に、武蔵国《むさしのくに》（現在の埼玉県）に農家の子として生まれました。幼いころから病気がちで、七歳になったときに目がまったく見えなくなってしまいました。そのうえ、頼《たよ》りにしていた母親が亡くなり、悲しみと不安が保己一《ほきいち》をおそいました。

十五歳《さい》の夏、意を決して学問をするために江戸に行きました。けれども、目が見えない保己一は、自分で本を読むことができません。だれかに読んでもらい、それを聞いて覚えるという勉強方法しかないのです。保己一は、本を読んでくれる人をさがして、毎日のように町を歩き回りました。たとえ読んでくれる人が見つかっても、自分では紙に書きとめたり、見直したりできないので、その苦労はたいへんなものでした。

ある夏の夜のことです。仕事でたずねた家の人が、本を読んでくれることになりました。いつものように正座《せいざ》をして聞いていた保己一ですが、しばらくすると自分の両手をひもでしばりはじめたのです。不審《ふしん》に思った家の人が、

「どうしたのです。それでは蚊《か》を追いはらうこともできないでしょう。」

と聞くと、

「はい、蚊《か》にさされるたびについ手が動きます。気が散って、せっかく読んでいただいたものを聞きもらしてはいけませんから。」

両手をひざの上に置《お》いた保己一は、笑顔で答えました。

そして家に帰る途中《とちゅう》も、聞いたばかりの本の内容を忘れないように、暗しょうしながら歩きました。曲がり角でかべにぶつかったり、つまずいてころんだりしても、暗しょうの声を止めることはありませんでした。

あるとき、そんな保己一のうわさを聞いた学問ずきのさむらいが、勉強に協力してくれることになりました。保己一がその家をたずねると、

「朝の四時から八時までなら読んでやれるが、どうであろう。ちと早くてつらいと思うが、もしよければ一日おきに来るがよい。」

と言ってくれました。保己一はとび上がる思いで、

「いいえ、早くなんかありません。必ずうかがいます。」

と答え、深々と頭を下げました。

朝の四時といえば外はうす暗く、まだ人々がねむっている時刻《じこく》です。しかし、保己一は、その時間が待ち遠しくてたまりませんでした。

勉強が始まり、さむらいの口から本を読む声がひびき出すと、保己一は全身を耳にして、じっと聞き入りました。その一言も聞きもらすまいとする姿《すがた》に、お茶を運んできた家の者は、身動きできなくなってしまうほどでした。

やがて本を読む声が止まると、保己一の耳に周りの物音が聞こえてきました。庭の松の葉に朝日があたったのか、あたたかい光のにおいがします。

突然、保己一は、胸《むね》の奥にこみあげる熱いものを感じました。そして、

（世の人のために生きるのです）

という声を、心の中ではっきりと聞いたのでした。

それから、ますます学問に打ちこんだ保己一は、やがて天下に名の知れた学者になりました。そして、和学講談所《わがくこうだんしょ》という学校をつくり、多くの人に学問を教えました。また、四十一年もの歳月《さいげつ》をかけて『群書類従《ぐんしょるいじゅう》』という六六六冊《さつ》の全集を完成させ、日本の貴重な書物を後世《こうせい》に伝えました。

文政《ぶんせい》四年（一八二一年）九月十二日、塙保己一は七十六年の生涯《しょうがい》を閉じました。

［内容は、小学館「小三教育技術」（二〇〇六年二月号掲載を小学校6年向けに改めた］

■資料（略年表・写真）

塙保己一の略年表

西暦	年齢	事項
一七四六	一	五月五日、武蔵の国児玉郡保木野の農家に生まれる。名は「寅之助《とらのすけ》」。
一七五二	七	病気で失明する。
一七五七	一二	母きよ死去。
一七六〇	一五	江戸に出て、雨富《あめとみ》検校《けんぎょう》の一座に入門。「千弥《せんや》」に改名する。
一七六一	一六	師に許されて学問を始める。
一七七五	三〇	「塙保己一《はなわほきいち》」を名乗る。
一七七九	三四	大文献集『群書類従《ぐんしょるいじゅう》』の刊行を決意する。
一七八九	四四	『大日本史《だいにほんし》』の校正に加わる。
一七九三	四八	和学講談所《わがくこうだんしょ》を創立する。
一八一五	七〇	将軍徳川家斉《いえなり》に拝謁する。
一八一九	七四	『群書類従』の完成。『続群書類従《ぞくぐんしょるいじゅう》』を計画する。
一八二一	七六	九月十二日、病で死去。

塙保己一総検校座像
写真提供：温故学会
（昭和12年4月，ヘレン・ケラーが触れたブロンズ座像）

学習指導案：ヘレン・ケラーが目標にした日本人

⑴　**主題名**　人間として生きることのすばらしさ
― 盲目の国学者・塙保己一の最高に美しい生き方 ―
［小学校・高学年　3 ―⑶・敬虔］

⑵　**本時のねらい**

世の人のために生きた美しい心を深く感じ取り，そうした生き方にあこがれをもつ。

⑶　**本資料の概要**

ヘレン・ケラーは，昭和12年（1937年）の初来日の際，「私は子どものころ，母から塙保己一先生をお手本にしなさいと励まされて育ちました」と，集まった多くの日本人の前で語った。

塙保己一は，延享 3 年（1746年），武蔵の国に農家の子として生を受けた。病のため 7 歳のときに失明，さらに12歳で母と死別して悲嘆にくれたが，やがて江戸で学問をすることを決意した。学問をするといっても，目の不自由な保己一の勉強は，すべて耳で聞いた内容を記憶するほかはなかった。保己一は本を読んでもらうとその内容を生涯忘れることがなかったというが，自ら読めない不自由な身であるからこそ，1 回 1 回をそこまで真剣に学問に打ち込んだのである。また，そのように熱心に取り組む姿は人々を感動させ，たくさんの人がさまざまな側面から手を差しのべてくれることになった。

保己一の業績のひとつに『群書類従』という666冊からなる大叢書を編纂し，刊行したことがある。その目的は，「後の世の国学をする人々のよき助けにする」ためで，まったく私心を超越した大事業であった。

⑷　**本資料のよさ**

ヘレン・ケラーの名前は多くの子どもが知っているのに，塙保己一を知る子どもはまずいない。したがって，彼女が終生心の支えとし，生き方のお手本とした人物が日本人だったということは，子どもたちに新鮮な驚きと感動を与えると思われる。資料では，保己一の決意や思いを深く想像しながら，周囲の人をも動かすものが何かに着目させ，その生き方の美しさ，尊さを語り合い，深めることが大切になる。

⑸　本資料を生かした授業の工夫

①　トータルな人間像から迫る。

授業中の子どもたちの思考は，どうしても勤勉や不撓不屈の価値群に傾斜すると思われる。ただし，これを無理に修正しようとするとかえって資料がもつ魅力が損なわれるので，本時の授業ではあえてそうした考えも大切にする。そして，複数の価値を含んだ塙保己一という人物の全体像から，気高い生き方として畏敬の念に迫りたい。

②　自分自身との対話を深める。

展開では，資料を中心に問題意識を追求していく形で自分への問いかけを深めていけるかがポイントになる。そこで，本時の授業では，発問①の「資料を読んで心に残ったところはどこなんだろう」と問いかけ，子ども自身がまず自らの人物眼をもとに問題を明確にし，それを学級全体の学習問題へと広げていくことにした。

また，展開の後段では資料から離れるのではなく，発問④の「たくさんの人が保己一の学問を助けたのはなぜだろう」と，子どもを保己一の学問を支えた人々の立場におくことで，逆に資料の世界に深く入りこませ，自分はどうなのかを問いかけていく展開を考えてみてはどうだろう。

③　「その後どうなったか」にふれる終末を考える。

終末場面では，座像をていねいになでる写真を見ながら，世界平和や障害者福祉に一生を捧げたヘレンが，子どものころから師と仰ぎ，人生の目標としてきた保己一とどんな話をしたのかじっくり考えさせる。それによって，本時の授業が自分にとって意味あるものだったという意識をもたせるし，子どもの心に実践への決意をひそかに抱かせることにもなる。また，子どもたちが資料の中の世界に入り込めば込むほど，保己一に対する関心や興味も「その後どうなったか」という点に及ぶことは自然である。したがって授業の最後に，保己一の生き方が後世の人たちにどんな影響を与えたかについてふれるとともに，授業後にも晩年の言葉やエピソードをできるだけ多く紹介するようにしたい。

④　読書活動との関連をもたせる。

本時の授業の前に，朝の読書やDVD（映画「奇跡の人」）を利用してヘレン・ケラーについて紹介しておくと，資料への関心をもたせやすくなるし，子どもと登場人物との出会いに必然性が生まれることになる。また，読書活動だけでなく，教科書に登場する偉人を取り上げ，教科の授業の中でもさまざまな人物にふれさせるなど，日常の学習に人の生き方に学ぶ機会をできるだけ多く設けるようにする。

(6) 展　開　例

学　習　活　動	指導上の留意点
1　ヘレン・ケラーについて知っていることを発表する。 **2**　資料「ヘレン・ケラーが目標にした日本人」を読んで話し合う。	・ヘレンの障害や業績を紹介しながら，資料への関心を高める。 ・簡単な年表で，塙保己一の生涯と『群書類従』について説明を加える。
発問①　「資料を読んで心に残ったところはどこだろう。」	
・転んでも暗誦をやめなかった。 ・41年もかけて本を完成させた。	・児童のさまざまな感じ方や考え方を整理し，次の発問に生かす。
発問②　「保己一は，どんな思いで学問に打ち込んだのだろう。」	
・たくさん勉強して力をつけたい。 ・りっぱになって家族を安心させたい。	・児童の想像をしっかり膨らませることで，困難な状況に負けずに学問に打ちこむ保己一の思いに迫らせたい。
発問③　「侍との勉強が終わって，保己一の胸の奥にこみあげてきた熱いものとは何だろう。」	
・これまで，多くの人に助けてもらってきた。学問で恩返しをしよう。 ・自分がやっていることが，これから学問をする人の役立つようにしたい。 ・これからの人生を世のために捧げよう。	・児童それぞれの感じ方やとらえ方を自由に発言させ，自分自身の心にある美しさや気高さへのあこがれに目を向けさせる。
発問④　「たくさんの人が保己一の学問を助けたのはなぜだろう。」	
・真剣に学問する姿に感心したから。 ・自分のためでなく，世の人々のために学問していることに感動したから。 **3**　教師の話でまとめる。 ・初来日したヘレンが，保己一の座像をくまなくなでたというエピソードを聞く。	・話し合いが煮詰まった後で，「心のノート」の75ページを黙読させ，人に感動を与える小さな芽が私たち自身にもあることが感じられるように促す。 ・ヘレンが，保己一の座像にどんなことを語りかけたか想像をふくらませながら授業を終わる。

(7) 評価のポイント

人に感動を与える美しい心の存在に気づき，自分の中にもその心があることを感じ取るとともに，そうした生き方にあこがれをもつことができたか。

［参考資料］

- 塙保己一生誕250年記念『盲目の大学者　塙保己一』温故学会
- 堺正一『今に生きる塙保己一』埼玉新聞社
- 企画展「塙保己一と群書類従」さいたま文学館
- 『群書類従』温故学会

[小学校・高学年　２—⑵・親切・思いやり]

二つのまんじゅう

笹田　葉子

私が聞いた、父の少年時代のお話をしましょう。

地元のＭ小学校を卒業した少年は、昭和二十年四月、Ｔ県立工業学校に入学しました。

あと四か月で、日本が敗戦の日をむかえるという時期で、みんな質素な生活をしていたころです。少年は、毎日、片道《かたみち》十一キロメートル、往復二十二キロメートルの道を歩いて通学していました。少年の父親が大変な思いをして買いあたえた自転車を、六月の中ごろ、ぬすまれてしまったからです。

その当時、片道五キロメートルくらいの徒歩の通学生徒はたくさんいて、タカシくんもそのひとりでした。少年と彼はすぐ仲良しになって、帰り道の一時間近くをいっしょに歩くことが多くなりました。

タカシくんの家は裕福《ゆうふく》らしく、毎日、吉野川橋をわたった所にある小さな雑貨屋で「いもあめ」を十個買っておやつにしていました。砂糖《さとう》も菓子《かし》もない時代、いもあめはもっともあまい食べ物でした。

タカシくんは、二個のあめを少年にあたえ、八個を自分が食べました。

「もう少しくれ。」と要求できない少年は、二個と八個というその差の大きさに、みじめな思いをしました。かといって、「ぼくはいらない。」と、きっぱり断れない自分の弱さに、よけいみじめな思いを重ねるのでした。

せめて、二個のあめを八個のあめと同じ時間をかけてゆっくり食べるよう、こころがけるだけでした。

少年はありがたいと思いながら、自分が人に物を分けてあげる立場になったときは、「半分にきちんと分ける。」と決心しました。

その機会は、早くにきました。二年生になった五月、遠足がありました。戦争が終わって九か月、少しずつ物資が増えていましたが、まだまだ不足をしていました。それでも、今日は遠足だというので、母が、にぎりめしのほかにまんじゅうを二つ作り持たせてくれました。

並《なら》んで歩くパートナーはハルオくんでした。ハルオくんは、母親を早くに亡《な》くしていたので、遠足といっても、ふつうの弁当だけで、おやつは持っていませんでした。

いっしょに弁当を食べ終わり、さあ、おやつを食べようというとき、ハルオくんは急に立ち上がり、その場をはなれてしまいました。

「そうだ、まんじゅうを一つ分けてあげよう。」

そう思って、少年は包みを広げました。見ると二つのまんじゅうは少し大きさがちがっていました。少年はちょっとためらって、大きい方を残し、小さい方を紙にくるんで、ハルオくんの所へかけて行きました。

少しとまどったように「ありがとう。」と言って、まんじゅうの包みを受け取ったハルオくんに、少年は「いっしょに食べよう。」と声をかけました。そして、もとの場所へ帰り、いっしょにまんじゅうを食べました。

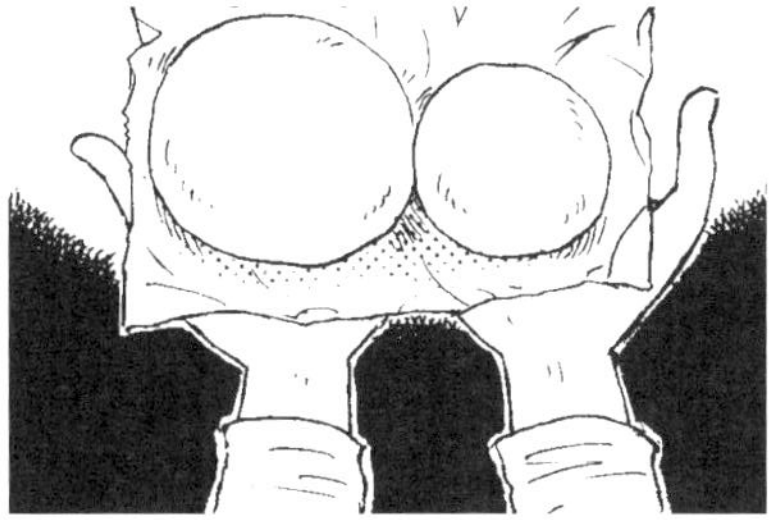

少年は、食べている間じゅう、「ハルオくんは、まんじゅうの大きさのちがいに気づいていないかなあ。」
と、気が気ではありませんでした。

少年がそのとき心にちかった「物を分けるときは、大きい方を相手にあげること にする。」という言葉は、少年（父）の生涯《しょうがい》を通しての「自戒《じかい》の言葉」となったそうです。

■ワークシート

二つのまんじゅう

年　組　名前〔　　　　　　〕

①タカシくんから、いもあめを二個もらったにもかかわらず、なぜ少年はみじめな気持ちになったのでしょう。

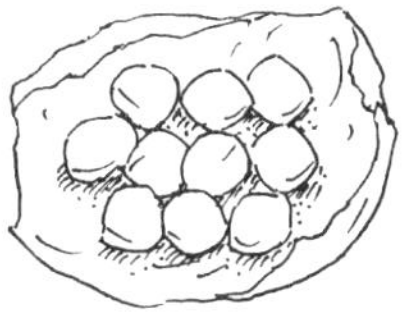

②少年は、どんな気持ちから、「物を分けるときは、大きい方を相手にあげることにする。」とちかったのでしょう。

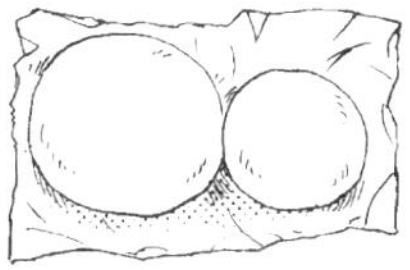

学習指導案：二つのまんじゅう

⑴　**主題名**　　心を深く思いやる

〔小学校・高学年　2 —⑵・親切・思いやり〕

⑵　**本時のねらい**

相手の気持ちを深く思いやり，相手の立場に立って親切にしようとする意欲を高める。

⑶　**本資料の概要**

本資料は，作者の父親の少年時代の実話である。

買ってもらったばかりの新品の自転車を盗まれた少年は，長い道のりを歩いて学校へ通うことになる。少年は帰り道，仲良くなった友達から，毎日10個買った飴のうちの 2 個を分けてもらう。しかし，空腹を満たすはずのその飴が，逆に少年を惨めな気持ちにさせる。その後，少年は，他の友達に饅頭を分ける立場に立つが，自分の心の弱さに負け， 2 つの饅頭のうちの小さい方を渡してしまう。

この一連の体験が，「物を分けるときは，大きい方を相手にあげることにする。」という，生涯を通した少年の「自戒の言葉」となるのである。

⑷　**本資料のよさ**

「思いやり」という価値は，簡単なようで，意味深いものである。一見「思いやり」のようにみえる憐れみの情は，相手に惨めな思いをもたせる。つまり，深い思いやりとは，相手を尊敬し人格を尊重する気持ちが根底になければならない。

本資料は，思いやることの大切さに気づきつつも，そのような振る舞いができなかった少年の自戒の思いを通して，子どもたちに，深い思いやりをもつことの難しさと大切さを，自覚させることができるであろう。

⑸　**本資料を生かした授業の工夫**

①　**他教科との関連をもたせる。**

戦争中の物資の乏しさや貧しい生活の様子を子どもたちが想像できるように，社会科や総合的な学習の時間との関連を図る。また，当時の学校制度について説明を加える。（当時の工業学校には，現在の中学生の年齢の子どもが進学した。）

②　子どもたちの考えが出やすいようにする。

2 個の飴を与えたタカシの振る舞いは，一見思いやりに満ちたものに感じられる。しかし，受け取る少年の立場からすれば，それはありがたいと思いつつも，惨めな思いを募らせる振る舞いである。2 個しか飴を分けてもらえなかった少年の惨めな思いは，飽食の時代に育っている子どもたちにも，十分に共感されるだろう。しかし，少年の思いを言葉で表現するとなると難しい。この場面では，まず，小グループで考えるなど，子どもの考えが深まり，少年の思いを表現する手がかりとなる言葉が見つかるような支援を行うことも考えられよう。

③　葛藤劇を用いて多様な考えを引き出す。葛藤劇についてもっとくわしく述べる。

身をもって惨めな思いを体験しても，饅頭を分ける場面で小さい方を相手に渡してしまった少年の心の葛藤を表明させるために，葛藤劇を用いて深く考えさせる。また，葛藤する心のうちをワークシートに書いて，発表させてもよいだろう。

④　教師の説話で補足する。

相手の気づきの有無にかかわらず，相手に深い思いやりをかけるということは，相手に自分と同じように，あるいはそれ以上に幸せ・有利になってもらいたいということであり，その根底に相手に対する尊敬の気持ちがなければならないことを補説する。

⑹　展　開　例

<table>
<tr><th>学　習　活　動</th><th>指導上の留意点</th></tr>
<tr><td>1　物資が乏しい戦時中の生活の様子を知る。

2　資料「２つのまんじゅう」を読んで，主人公の思いについて話し合う。</td><td>・いも飴などが贅沢なおやつであったことを知らせ，資料へ導入する。</td></tr>
<tr><td colspan="2">発問①　「増田くんから，いも飴を２個もらったにもかかわらず，なぜ少年はみじめな気持ちになったのでしょう。」</td></tr>
<tr><td>・２個と８個の飴の数の差から，いも飴を買えない自分に対する，タカシくんの憐れみの情を感じたから。
・断れない心の弱さに気づいたから。</td><td>・「物がないなか，２個でもいも飴をくれたのなら，それでよいではないか。」という補助発問をし，子どもの考えに揺さぶりをかける。</td></tr>
<tr><td colspan="2">発問②　「大きさの違う２つの饅頭を見比べながら，小さい饅頭を紙にくるんだ時の少年の気持ちは，どんなだったでしょう。」</td></tr>
<tr><td>・饅頭は，めったに食べられない。１個を渡すのだから，小さい方でよいだろう。
・いや，やはり大きな方を分けるべきでは。</td><td>・葛藤劇を行い，大小どちらの饅頭にすべきか迷う気持ちを多様に考えることができるようにする。</td></tr>
<tr><td colspan="2">発問③　「少年はどんな気持ちから，『物を分けるときは，大きい方を相手にあげることにする』と，生涯において誓ったのでしょう。」</td></tr>
<tr><td>・饅頭の大きさの違いに気づいたかもしれない治夫くんの惨めさは，自分の経験と同じだ。そんな思いをこれから人にはさせてはいけない。
3　自分について振り返る。</td><td>・ワークシートに書くことにより，少年の気持ちについて，深く問うことができるようにする。</td></tr>
<tr><td colspan="2">発問④　「相手の気持ちを深く思いやることについて，今までの自分はどうでしたか。これから，どのようにしようと思いますか。」</td></tr>
<tr><td>4　教師の説話を聞く。</td><td></td></tr>
</table>

⑺　評価のポイント

深い思いやりをもつことの難しさとその大切さに気づき，そのような思いやりの気持ちをもって，親切にしようとする意欲が高まったか。

［小学校・高学年　4－(7)・伝統・文化］

先達《せんだつ》の背中を追って
―第十一代「まちかん」さん―

藤井　隆之

午後五時、研《と》いでいた包丁の刃先《はさき》を注意深く確認《かくにん》して、十一代目「まちかん」さんは、静かに店を閉めます。息子さんといっしょに包丁などが並ぶショーケースをていねいにふいて、カバーをかけます。

十一代目「まちかん」さんは、お店の片付けをしながら、今日一日を振《ふ》り返ります。よい包丁を作ることができたか。お客様に失礼のないように、迎《むか》え入れ、送り出すことができたか……などなど。

そして、最後に、今日も商売を続けられたことを感謝することも忘れません。

埼玉県南西部に川越市《かわごえし》という街《まち》があります。人口三十三万人を超える首都圏《しゅとけん》のベッドタウンでありながら、昔ながらの伝統と文化が、今なお受けつがれている街でもあります。毎秋、山車《だし》がめぐる川越祭があり、テレビドラマの舞台《ぶたい》になったこともあって、近年、観光都市にもなっています。その観光の中心になっている蔵《くら》造りの町並みの中に「まちかん」さんと呼《よ》ばれ、江戸《えど》時代の昔から親しまれている刃物屋《はものや》さんがあります。「まちかん」さんの扱《あつか》う刃物は切れ味がよく、長持ちすると、各地からお客さんが店にやってきます。

「まちかん」さんは町屋勘右衛門《まちやかんえもん》の略称《りゃくしょう》で、商店の商業上の名前で、江戸時代から続く昔からの屋号（町屋）と主人の名前（勘右衛門）が代々受けつがれています。十一代目の「まちかん」さんは、宮岡明弘《みやおかあきひろ》さん。小さいころからおじいさんやお父さんの話を聞きながら、手伝いをしていた宮岡さんは、「まちかん」さんをつぐことに迷いはありませんでした。

おじいさん、お父さんの背中《せなか》を見て、早く働きたいと思っていた宮岡さんは、「商売を続けられる」ということを最大の仕事の喜びとしています。「まちかん」さんの仕事は、刃物の材料管理、製造、販売《はんばい》の全部です。

中でも、包丁を研ぐ製造には、細心の注意を払います。包丁のできによって、微妙《びみょう》に料理の味も変わっていくからです。宮岡さんはその研ぎの技術を後世に伝えたいと思うと同時に昔ながらの商売の方法なども守りたいと考えています。

宮岡さんは幼《おさな》いころから、蔵造りの町で育ちました。周りには老舗《しにせ》と呼ばれるお店も多くありました。そこへお使いに行くと、老舗の大旦那《おおだんな》さんが出てきて、子どもの宮岡さんにもていねいに挨拶《あいさつ》をしてくれます。ていねいに応対する様子を見て、「商売というのはこうするんだなあ」と宮岡さんは学びました。

おじいさんから聞いた話でこのようなことがあります。

宮岡さんで十一代目になる「まちかん」さんは、初めから今のようにお客さんが来るお店ではありませんでした。初代「まちかん」さんは、江戸時代のはじめ、造り酒屋を営んでいました。その後の代で料理屋に転身しましたが、ぜいたく・華美なものは禁止とする天保《てんぽう》の改革《かいかく》で、料理屋もぜいたくと見なされて禁止となり、商売替《が》えをしなくてはならなくなりました。そこで、七代目の「まちかん」さんが、刃物屋を始めます。いくら七代続いているといえども、商売替えをすれば、またゼロからのスタートになります。お店を開くお金も少なく、知り合いのお店の一部を借りて、お店を開きました。商売は、信用が第一。その信用がないと、お客さんはなかなかつきません。そんな中、七代目は、商品を一つ仕入れます。それが、やっとだったそうです。しかし、商品が一つだけというお店の商品を買うお客さんはなかなかいません。七代目は、精一杯心を込めて、商売を続けていきました。一つ仕入れて、それを売って、次の商品につなげる。信用がつくまでは、なかなかお客さんは入らなかったので、町中に市《いち》が立つときには必ず参加し、包丁を並べ、とにかく信用を得るために大事に商品を扱い、大事にお客様に応対していったそうです。

宮岡さんは「そういった先祖の努力に比べたら、自分たちが努力したといえるものなどはなく、先達たちがあって、私どもがあるのです」と、よく口にします。

宮岡さんの口ぶりは、とてもていねいで、穏《おだ》やか。商品の扱いもやはりていねいです。その横では、息子さんも包丁について歴史的な背景《はいけい》も含《ふく》めて、ていねいにお客さんに説明します。

「先代を始め、周りの大人たちに人とのつきあい方や生き方を所作で教えていただきました。私どもは、商売の技術・仕方だけを教えていただいたわけではありません。」

穏やかに話される宮岡さんのこの言葉には、伝統というのは、技術や方法などを伝えるだけではない、ほかの何かもあるという強い思いが込められています。

■ワークシート

先達の背中を追って―第十一代「まちかん」さん―

年　組　名前〔　　　　　　　　〕

①宮岡さんは、「まちかん」さんをつぐとき、どんな気持ちだったのでしょう。

②伝統というのは、どのようなものだと思いますか。

学習指導案：先達の背中を追って―第11代「まちかん」さん―

⑴ 主題名

伝統ってなんだろう？
－「まちかん」さんが伝えたいもの－
［小学校・高学年　4－⑺・伝統・文化］

⑵ 本時のねらい

日本の伝統文化が続いていることを感じ取り，大事にしていこうとする心構えをもつことができる。

⑶ 本資料の概要

埼玉県の南西部にある川越市，観光客が集まる蔵造りの町並みに「まちかん」さんと親しまれている江戸時代から続く刃物屋さんがある。「まちかん」さんは，客にていねいに接し，商品もていねいに扱う。11代目「まちかん」さんの宮岡明弘さんは，幼いころから先代である祖父や父の話を聞いたり，仕事をする姿を見て，早く働きたいと思っていた。宮岡さんは，「商売を続けられる」ことが仕事の最大の喜びである。それは，先代から聞いた話が今も心に残っているからだ。

江戸時代当時，７代目の「まちかん」さんは，ぜいたく・華美なものは禁止とする天保の改革で商売替えをしなくてはならなくなった。そこで，刃物屋を始めるが，商売替えをすれば，またゼロからのスタートになる。開店資金もなく，知人の店舗の一部を間借りして，商品を一つから商売を始めた。苦労しながらも，信用を得るために客への対応をていねいに行い，商品もていねいに扱っていった。

11代目「まちかん」さんは，先達の苦労や所作などで昔からの技術や方法を学び，それを守り伝えたいと思っている。

⑷ 本資料のよさ

本資料には，先人の努力を知って，日本の伝統と文化，先人の想いを大事にし続けている人々が描かれている。

児童には，なかなか馴染みのないことではあるが，現在の日本でも昔からの技術や想いが脈々と受け継がれていることを知ることによって，伝統文化を継承していくことの大切さについて考えを深める機会となる資料である。

⑸　本資料を生かした授業の工夫

①　伝統文化の資料を身近に考えられるように。

伝統文化を扱った資料は，子どもたちにはあまり馴染みがない。しかし，現在の社会が先達から脈々と受け継がれてきたものであることに間違いはない。資料は，小江戸と呼ばれる歴史のある川越が舞台で，江戸時代から続く店を扱っている。蔵造りの町並みやときの鐘など歴史的建造物の残る川越の町の写真を提示して説明したり，社会科の歴史学習にも関係のある部分に触れたりしながら，複数時間扱いにするなどして，それぞれの地域の伝統文化について，子どもたちに考えさせたりするのも効果的であると考える。

また，道徳の時間に職業の話を取り上げた場合，学習する道徳的価値は「個性の伸長」になることがある。この資料については，さまざまな価値があり，キャリア教育に関係する部分もあるが，ここでは，伝統文化が続いていて，これからも続いていくこと，そこには，先人の努力と技術のみならず，「想い」も受け継がれていることについて中心的に取り上げ，子どもたちが伝統文化のよさについて考えを深められるようにした。

②　事前アンケートを利用し，価値への方向付けをする。

①でも述べたが，子どもたちにとってこの資料は，身近にとらえることが難しい。そこで，事前にアンケートをとって，子どもたちが考える伝統文化や身近にある伝統文化などを把握し，価値について考え，話し合いやすい環境を整える。

③　地域の特性を生かして。

授業の導入や終末部分で，地域の特性を生かして，伝統文化に携わっている方をゲストティーチャーとして迎え，その思いなどを話してもらうことも子どもたちの考えの一助となるだろう。

④　補助発問・切り返し発問などで子どもたちの理解や考えを深める。

「どうして，宮岡さんはお客さんにていねいに接し，商品をていねいに扱うのでしょうか。」「おじいさんやお父さんは，宮岡さんに商売を継いでもらうためだけに，いろいろな話をしたのだと思いますか。」などと子どもたちに発問し，子どもたちの多様な考え方を引き出す中で，子ども同士が話し合いを活発化させ，理解や考えを深められるように支援する。

⑹ 展　開　例

<table>
<tr><th>学　習　活　動</th><th>指導上の留意点</th></tr>
<tr><td>1　日本の文化のよいところについての事前アンケートの結果をもとに話し合う。
2　資料「先達の背中を追って」を読んで，伝統文化について考える。</td><td>・ねらいとする価値への方向づけを行う。

※「まちかん」（刃物店）さんの写真は下記のホームページを活用するとよい。</td></tr>
<tr><td colspan="2">発問①　「宮岡さんは『まちかん』さんの仕事を継ぐとき，どんな気持ちだったでしょう。」</td></tr>
<tr><td>・あこがれていた仕事を継ぐことができてうれしい。
・何代も続いている「まちかん」さんを自分が継げるだろうか。</td><td>・ワークシートを使用する。
・何代も続いている家業を継ぐことのあこがれだけでない大変さなども考えられるように支援する。</td></tr>
<tr><td colspan="2">発問②　「おじいさんから先代の苦労の話を聞いて，宮岡さんはどのようなことを考えたでしょう。」</td></tr>
<tr><td>・大変な苦労があったんだ。お店をつぶしてはいけない。
・先代はすごいな。先代の頑張りをむだにしたくない。</td><td>・江戸時代の時代背景や商売することの難しさなどについて補足説明をする。
・おじいさんがどのような想いで宮岡さんに話したかについても触れたい。</td></tr>
<tr><td colspan="2">発問③　「最後の言葉には，宮岡さんのどんな気持ちが込められているでしょう。」</td></tr>
<tr><td>・技術や方法だけではなく，先代の想いなども教えてもらった。
・先祖が築いてきたものを後の子孫にも伝えていきたい。
3　伝統について考える。</td><td>・話し合いの中で，伝統というものは技術や方法だけを伝えるものではないということに気づかせたい。</td></tr>
<tr><td colspan="2">発問④　「伝統というものは，どのようなものだと考えますか。」</td></tr>
<tr><td>・昔の人が作ってきたものを引き継いでいくと同時に，昔の人の想いも大切にしていく。
4　教師の説話を聞く。</td><td>・ワークシートを使用する。
・感動を大切にし，余韻をもって終わる。</td></tr>
</table>

⑺ 評価のポイント

日本の伝統文化が続いていることを感じ取り，大事にしていこうとする心構えをもつことができたか。

［指導用資料］

・まちかん（刃物店）写真：小江戸川越ナビ http://www.koedo.biz/460west/machikan.html

［中学校　4―(5)・勤労の尊さ　関連：キャリア教育］

足踏みミシンの修理屋さん

栗原　利夫

写真提供：増澤昌司

カタカタ、カタカタと軽快な音を立てる足踏《あしぶ》みミシンの音を聞くと、あなたは何を思いだしますか。

群馬県邑楽郡大泉町《おうらぐんおおいずみまち》。ここは戦時中、中島飛行機の大きな工場があって、戦後はスバルの自動車工場となりました。

この町に「マスザワミシン」というミシン屋さんがあります。全国でも珍《めずら》しい足踏みミシンの修理も取り扱っています。

修理は持ち込めば即日《そくじつ》でできます。古くなってまったく動かなくなったものは、最低でも三か月以上かかります。このところ修理の依頼《いらい》が増えています。

二代目の主人、増澤昌司《ますざわしょうじ》さんはどんなに古いミシンでも、たとえ部品がなくても、仕事を受けたら一〇〇%使えるようにして、お返しすることを信条としています。

子どものころ増澤さんは、家業を継《つ》ごうなんて、まったく思っていませんでした。中学生のころは、ハードロックバンド「バウワウ」に憧《あこが》れるエレキ少年でした。勉強はそっちのけで、一日八時間、エレキギターの練習に明け暮れていました。朝も夕方も夜も、ギターが響《ひび》きます。食べるよりギターを弾《ひ》いていたほうがいい。今でもギターを弾き始めると、気づくと夜ということもあるほどです。この性格が、体を壊《こわ》してまでも、ミシンの修理にのめりこませるのでしょう。

「また、増澤さんちの息子が、テケテケを始めたよ。」

一九八〇年前後、近所でも増澤さんのエレキギターは有名でした。

増澤さんは中学を卒業すると、東京に出てギタリストになろうと心に決めていました。しかし、両親から「高校を出てからでも遅くない」と説得されて高校へ進みます。それでもプロのミュージシャンになる夢は、しぼむどころか、ますます膨《ふく》れあがりました。

高校を卒業すると、また両親から「大学を出てからでも遅《おそ》くはない。今時のミュージシャンは、みんな大学を出ている」と説得されます。このときも親の言うことを聞いて大学に進みます。

今でもミュージシャンになる夢は捨てていませんが、親から「お前は長男だから」と言われて、結局、家業を継ぐことになりました。

大泉町の周辺は、縫製《ほうせい》工場が多く、マスザワミシンは、工業用特殊ミシンの販売《はんばい》、そして修理が主な仕事でした。

このミシンの修理ですが、教わって身につくものではありません。すべて独学。父親もミシンの修理の技術を教えてくれませんでした。見よう見まねで、ミシンの仕組みを覚えました。自分で覚えないと、教えてもらったことしかできません。それほどミシンの修理は複雑で難しいものでした。

マスザワミシンでは父と息子が縫製工場へミシンの修理に出かけ、お店は母親が守っていました。ところが、その母親が五十六歳という若さで他界してしまいます。増澤さんがまだ、三十歳になる前のことでした。

群馬県は「かかあ天下」のお国柄ですから、お店を守っていた母親はまさに大黒柱のような存在でした。その母親を失ったマスザワミシンではポッカリと穴が空いてしまった状態です。増澤さんは仕事に手がつかず、仏壇《ぶつだん》の前で、ぼんやり過ごす日が続きました。

そんなとき、一本の電話が鳴ります。

「あの、足踏みミシンを、直していただけませんか?」

年老いた男性の声でした。

「どんな状態ですか?」

「まったく動きません。カタカタと動くようにしていただけませんか?」

増澤さんは依頼主の家にミシンを受け取りに行きました。その家にあったのは、ほこりをかぶった大正時代のミシンでした。

ペダルを踏んでもミシンが錆《さ》びついているらしく、カタリとも動きませんでした。

「お客さん、修理には、かなり時間をいただきますが。」

「かまいません。直るのでしたら。」

「それから修理費ですが、最低、このぐらいかかります。」

増澤さんが見積書を出すと、男性は「お願いします」と言いました。増澤さんは、そのミシンを店に持ち帰りました。

持ち帰ったミシンを分解すると、金属の部品はほとんど錆びついていました。その部品をねじ一本から磨《みが》きをかけます。部品の中には破損しているものもあります。これを取り換《か》えないと、ミシンは動きません。ミシンメーカーに問い合わせても、年代物の足踏みミシンの部品となると、在庫はありません。

増澤さんは江戸末期から大正時代までのミシンを何百台も所有しているので、その中から部品を探し出します。それでもないときは、自分で部品を作ってしまうこともあります。壊れた足踏みミシンは、こうした作業を経て、生まれ変わります。

「直りましたので、お届けに上がります。」

「直りましたか！」

依頼主の男性の声がとても明るく聞こえました。増澤さんが、この仕事をしてよかったなと思うときは、依頼主の喜ぶ顔を見たときだそうです。

増澤さんの手によって、スクラップ同然だった足踏みミシンが息を吹《ふ》き返しました。依頼主にミシンを届けに行くと、男性が笑顔で迎《むか》え入れてくれました。すぐに足踏みミシンのペダルに足を乗せて踏み込むと、カタカタカタカタと小気味《こきみ》よい音が響いてきました。

男性の頬《ほお》に涙《なみだ》が流れていました。

「ああ、この音だ。この音だ。死んだ女房《にょうぼう》が、ここにいる。ありがとう。ありがとう。」

そのミシン（奥さんが亡くなってから、使われることがなかった足踏みミシン）は、ずっと部屋の片隅《かたすみ》に置かれたままでした。

その涙を見た増澤さんは、喜んでくれる人がいる限り、足踏みミシンの修理を続けていこう、と心に決めました。

［出典］

ニッポン放送『80点コロッケ』　扶桑社

■ワークシート

足踏みミシンの修理屋さん

年　　組　　名前〔　　　　　　　　〕

①増澤さんが高校、大学と進学を説得されているとき、自分だったらどう考えますか。
次の三つのうちから一つ選んで、その理由を書いてください。

（　　）中学校卒業後からミュージシャンを目指す
（　　）とりあえず高校へ行ってから卒業時に考える
（　　）大学まで行ってから卒業時に考える

その理由

②今日の授業を通して考えたことを書いてください。

学習指導案：足踏みミシンの修理屋さん

⑴　主題名　　勤労の尊さ

〔中学校　4－⑸・勤労の尊さ　関連：キャリア教育〕

⑵　本時のねらい

・勤労の尊さを理解し，勤労を通して社会の発展向上に努めようとする意欲を育てる。

・自己理解を深めながら，将来の自己実現に向かって学び続ける意欲と実践力を培う。

⑶　本資料の概要

本資料は，主人公増澤昌司さんが，中学時代からミュージシャンになる夢をもちながらも，親に説得され高校，大学へと進学し，最終的には家業である足踏みミシンの修理屋さんを継ぐが，その仕事にも誇りをもつようになり，なおかつ，ミュージシャンの夢ももち続け，音楽活動を続けているという話である。

⑷　本資料を生かした授業の工夫

①　話し合いを活性化するための道徳的判断力を問う発問

本資料は，主人公増澤さんが中学校卒業後にミュージシャンになるという夢をもちながらも，両親に説得され進学を選ぶ。中学生にとって進路選択は最も切実な問題であり，自分のこととして考えやすく道徳的判断力を問う発問「自分はその立場だったらどうするか？」をすることで，将来を真剣に考え，話し合いを活性化することができる。

②　キャリア教育（自己実現）の視点を入れた授業の工夫

本資料は，主人公増澤さんがミシン修理の仕事に誇りをもちながらも，いまも夢を叶えるため音楽活動を続けており，自己実現をはぐくむキャリア教育の視点で授業を工夫するのに適切である。本時では，2008年に年長者のヒット曲記録を数々塗り替えた，秋元順子さんの歌う「愛のままで」を終末で活用し，年齢に関係なく自己実現した秋元順子さんと，増澤さんを重ね合わせて考えさせることで，自己の生き方を見つめさせた。

③　体験活動を生かした授業の工夫

職場体験活動を「かなめの時間」としての道徳の時間になるよう工夫できる。本時では導入で考えたが，発問中に職場体験活動を意図的に想起させ話し合いを深めさせたり，終末で職場体験活動の感想文を朗読し，余韻をもって終わらせたりするのも効果的である。

⑷ 展開例

学習活動	指導上の留意点（キャリア教育の視点）
1　職場体験を話題にして将来の勤労について話し合う。 2　前半資料を読んで，増澤さんの気持ちを考える。	・職場体験活動を話題にすることで，ねらいとする価値についての関心を深めさせる。
発問①　「『ミュージシャンになるのは高校（大学）を出てからでも遅くはない』と親に説得されているときの主人公の気持ちを考える。」	
・やっぱり進学した方が無難かな。 ・自分はミュージシャンになりたいのにどうしてわかってくれないんだ。	・やりたいことがあるのに，親に反対され，やるせない主人公の気持ちに共感させる。
発問②　「自分が同じ立場だったらどうですか。」	
・すぐにミュージシャンを目指す。 ・高校へ行って卒業時に考える。 ・大学まで行って卒業時に考える。 ・ワークシートをもとに話し合う。	・ワークシートに書く。 ※資料を自分の現実としてとらえさせ，職業および進学選択を考える活動により人間形成能力を高める。
発問③　「仏壇の前でぼんやり過ごすときの主人公の気持ちは？」	
・どうして死んでしまったんだ。 ・仕事をやりたくない。 ・いやいやはじめた仕事なので余計にやりたくなくなり，やる気が出ない。 3　後半資料を読んで主人公の気持ちを考える。	・母の死と，いやいやはじめた仕事のため，よりやる気がでない主人公の気持ちについて考えさせる。
発問④　「『死んだ女房がここにいる。ありがとう。ありがとう』 と言われたときの主人公の気持ちは？」	
・この仕事をやっていてよかった。 ・もう迷わない。この仕事を一生やっていこう。	・自分の仕事に，誇りと生きがいを見つけた主人公の気持ちを理解させる。
4　秋元順子さんの2008年のヒット曲「愛のままで」を聞いて，本時の主人公と重ねながら，生き方について考える。	・年長者としてのヒット曲の記録を次々塗り替えた話題の曲で興味を引く。 ※主人公は音楽活動を今もやっていることを知らせ，将来の職業観や夢は自分の気持ち次第でいつまでも持ち続けることができることを気づかせる。 ・ワークシートに本時について書かせる。

⑸ 評価のポイント

勤労の尊さを理解し，将来についての職業観や自分の夢は自分の気持ち次第でいつまでも続くというキャリア教育の視点を学ぶことができたか。

［中学校　1―(3)・誠実］

新聞記事「いじめと生きる」

服部　豊

〈資料1　中日新聞　二〇〇七年四月二十八日掲載〉

「加害者」たちの歳月

激しい自責の念、会って謝りたい

　昨年十一月初め。三重県の女性会社員（三四）は思わず、近くにあったチラシの裏に、思いを書きつけ始めていた。「ごめんなさい、本当にごめんなさい」……。自然に涙《なみだ》がこぼれてきた。

　岐阜県瑞浪市《みずなみし》の女子中学生のいじめ自殺をはじめ、ちょうど連日のように、いじめ問題が大きく報じられていたころ。「嫌《いや》な記憶《おく》を思い出し、つらかった。誰《だれ》かに打ち明けたかった」。家族にすら口にしたことがなかった、いじめ加害の告白。チラシはそのまま、ファクスで、中日《ちゅうにち》新聞あてに送信された。

　今とは別の県で暮らしていた小学校六年生のときだから、もう二十二年も前になる。五人の仲良しグループで同じクラスの一人の女の子をいじめていた。女性はリーダー。いじめの中心にいた。

　相手は、両親の事情で、児童養護施設《しせつ》で暮らしていた少女。おとなしくて、まじめ。これといって、いじめるきっかけがあったわけではない。

　あえて言うなら、一学期の始業式の日、にこりと笑いかけられたこと。仲間に入りたそうなそぶり、に見えた。それが「うざかった」。

　きれいなレースの襟付《えりつ》きブラウスが「かわいい女の子」の象徴《しょうちょう》のひとつだったあのころ。少女の服はいつも地味。とりわけ成績が良いわけでも、スポーツが得意なわけでもなかった。

　明るくて、クラスでも目立つ存在だった、という女性にとっては、その少女は、仲間に入れたら「グループのレベルが下がる」存在に思えた。

　放課後、みんなで少女を取り囲み、頭の上で鉛《えん》筆を削《けず》って、削りカスの〝雨〟を降らせた。トイレ掃除《そうじ》のときには、汚物《おぶつ》入れの中のものを投げつけた。自分の妹をけしかけ、木の棒につけた犬のふんを少女に突きつけ「食べろ」と迫《せま》らせたことも……。

いじめられるとその子は、ぽろぽろと大粒《おおつぶ》の涙をこぼした。鼻水をすする音に「きったなぁーい」と笑った。

いつからだろうか。しばしば、あの泣き顔をはっきりと思い出すようになった。大抵は夜。いじめに関するニュースを見聞きした日なんかは決まって。子どものころそのままの大粒の涙。今は、笑えない。

「もし、私だったら『死にたい』と思ったかもしれない」四半世紀近くがすぎた今、女性はそう振り返る。「私はあの子の人生をめちゃくちゃにしてしまったんじゃないか…」。激しい後悔《こうかい》と贖罪《しょくざい》の念にかられ、涙があふれる。

せめて投書が新聞に載《の》れば、「この苦しさから逃れられるかも」。そう思ってファクス番号をダイヤルした。

そして「できることなら、会って謝りたい」と。

だが、知っているのは小学校を卒業するとき、施設を出て、親元へ引き取られていったということだけ。その後の消息は不明だ。今、どこでどうしているのか……。

取材班で当時の関係者に当たってみた。何とか、彼女を引き取った母親の名前が分かり、やがて、施設から転出した先の住所も判明した。周辺を歩き消息を追ったが、住んでいたと思われる建物も廃屋《はいおく》のようになっており、手掛《てが》かりはなかった。

あきらめかけた時、思いがけなく、彼女を知っているという人がみつかった。もう、そのまちには住んでいなかった。（つづく）

いじめは被《ひ》害者はもちろん、加害者の人生にも時として深い傷を残す。年を経ること、罪悪感を募《つの》らせ、謝罪したいと願う者。ほんの小さな加害を一生の重荷とする者もいる。半面、おざなりの謝罪で被害者との溝《みぞ》を深めるケースがあるのもまた事実。

〈資料2　中日新聞　二〇〇七年四月二十九日掲載〉

「加害者」たちの歳月

断られた謝罪、思い出すの嫌

過去は水に流して、笑って握手《あくしゅ》。そんなハッピーエンドは用意されていなかった。

三重県の女性会社員（三四）が小学校六年生のとき、いじめていた同級生の少女は、中部地方のある小都市に暮らしていた。

取材の中で偶然《ぐうぜん》に知人がみつかり、判明した消息。二十二年たった今、女性が「会って、いじめのことを謝りたい」と言っている、と知人を介《かい》して伝えた。

返ってきた答えは、しかし「謝ってほしくない」――。

その知人によると、今は結婚《けっこん》をし「普通に暮らしている」。「謝りたいという気持ちは分かった」と語ったそうだが、「あのころにはつらい記憶しかない。思い出したくない」と話したという。

「結婚してたんですね」。加害者の女性は、そんな経緯《けいい》を、むしろほっとしたような表情で聞いた。

ひどいことをしたという後悔も謝罪したいという気持ちも本当だ。だが、実際に会う、と考えると不安もあったという。

女性は、今、いじめをしていたころの自分を「弱かった」と分析《せき》できる。他人にどう見えるか、いつもおびえていた。周りに人がいないと不安になる。「友だちが大勢いる」と思われたかった。

ウケをとろうと、クラスでよく物まねをしたものだ。得意だったのは、中森明菜や志村けん。志村をまねて「アイーン」と顔を崩《くず》して見せると、笑いの渦《うず》ができた。仲良しグループにはクラスで一番成績が良い子もいる。でも真ん中にいるのはワタシ――。

名の知れた進学校から大学へ。教育実習で小学校の教壇《だん》に立ったとき、教師に怒《おこ》られたことがある。確か、男の子が教室の窓枠《わく》に座って遊んでいた。「危ないでしょ。何で止めないのっ」

子どもたちを前にしても「どうしたら人気が出るか」を考えていた。いじめをしていた、小学校のころと同じように。子どもたちを笑わせることはできる。でも「本気で子どものことを心配することができない」。自分でそれに気がついて、がくぜんとした。教師の道はあきらめた。

今では、そんな女性にも二人の娘がいる。四年前、帝《てい》王切開で長女を産んだ五日後、

わが子をその手に抱《いだ》き、乳房《ちぶさ》に吸い付くのを見て感じたのは、「人生最大の幸せ」だった。

思えば、自分がいじめた少女の泣き顔を思い出すようになったのはそのころから。

「もし、この子たちがいじめられたら……」。本当に大事な存在ができてようやく、自分が彼女にしたことの重さに気がついた。周囲の目ばかり気にしてゆがんでいた自分自身の生き方にも。

激しい自責の念をつづった本紙へのファクスをきっかけに、相手に伝わった謝罪したいという気持ち。身勝手なことは分かっているが、「気にしていないよ」と言ってほしい……。それは、しかし、受け入れられなかった。

二十二年の歳月《さいげつ》が流れた、だが、被害者には思い出したくない経験として、加害者には深い後悔として、いじめはまだ、息をしている。

[掲載の記事は、いずれも中日新聞社の許諾を得て転載しています]

■ワークシート

いじめと生きる

年　　組　　名前〔　　　　　　　　　　〕

①「自分がいじめていた子に会って謝りたい」という、この女性の考えについてどう思いますか。

②いじめられていた子は、「謝りたい」という女性の気持ちを聞いてどう思うでしょう。

③この女性はこれからどう生きていけばよいのでしょう。

④授業の感想

学習指導案：新聞記事「いじめと生きる」

⑴ 主題名

誠実な生き方とは何か

――後悔…22年前――

〔中学校　1－⑶・誠実〕

⑵ 本時のねらい

○いじめという行為は被害者だけではなく加害者の人生にも大きな影を落とすことになることを知る。

○自分が犯した罪に対してしっかり向き合わなくてはならないことに気づき，自分のこれからの人生をより強く，より誠実に生きていこうとする気持ちを高める。

⑶ 本資料の概要

［資料１］

新聞の特集記事。小学生だった22年前に，クラスの女の子にひどいいじめをした女性の自責の念が書かれている。子どものころにいじめの加害者だったことを激しく後悔し，「できることなら会って謝りたい」と思う。新聞社の取材で，いじめられていた子を知っているという人が見つかった……。

［資料２］

女性の「謝りたい」という気持ちを伝えたが，相手の返事は「謝ってほしくない。思い出したくない」であった。この女性は，いじめをしていたころの自分を「弱かった」と分析する。周囲の目ばかり気にして，自分自身がゆがんでいたことにも気がついた。

⑷ 本資料のよさ

本資料は，いじめの加害者側の心情に沿った授業ができるという点に特徴がある。小さいころのひどい行為を「謝りたい」というが，資料をよく読むと，「許してもらって楽になりたい」という身勝手な心理が感じられる。女性はまだ心の弱さを引きずっているのである。

心の中の罪は消えない。この女性も一生，この罪を背負うしかないのである。そして，自分の罪としっかり向き合うことが誠実な生き方であり，人の強さであると考える。「誠実な生き方とは何か」を，考えさせることができる資料である。

⑸ 本資料を生かした授業の工夫

① ねらいに近づけるために，話し合い活動を重視する。

本資料は新聞記事であり，「事実」が淡々と書かれている。よって，一読しただけではねらいとする価値に到達することはできない。生徒が話し合うことで，自ら価値をつかむような授業をめざしたい。

ポイントは2つある。1つめは，「会って謝りたい」という女性の心の弱さである。本人自ら分析しているように，小学校のときにいじめたのも，「謝って楽になりたい」というのも，この女性の心の弱さからくるものである。資料1を読ませた後にこの女性の考えについて話し合わせ，「謝れば許されることではない」「今さら『謝りたい』とは虫がよすぎる」などの，心の弱さに言及した発言を引き出したい。

2つめは，女性のこれからの人生である。資料2で，女性は，「謝りたい」という願いがかなわないことを知る。では，女性はこれからどう生きていけばよいのであろうか。グループでじっくり話し合わせることで，「誠実な生き方」についての考えを深めさせたい。

② 終末では教師の思いを伝える。

［説話の例］

人にはだれにでも思い出したくない過去はあります。みなさんにも一つや二つはあるでしょう。この女性は22年も前に人を傷つけてしまったことを悔やみ，今もつらい記憶は消えそうにありません。新聞社にファクスを送り，「謝罪したい」と訴えたのは，なんとかこのつらさから逃れたいという一心だったと思います。でも，その思いはかないませんでした。「会いたくない」という気持ちを聞いたこの女性はどう思ったのでしょうか。おそらくショックだったと思います。「忘れていない。許していない」というメッセージなのですから。

この女性はこれからどうすればよいのでしょうか。「これからも罪を背負って生きていく」ことしかないと思います。死ぬまでずっとこのつらい過去を抱えながら，ときどき思いだし，後悔し，涙を流しながら生きていく。これしかないのです。たとえこの人が直接謝ることができたとしても，この罪は消えません。一生後悔し続けることでしょう。

「一生の中で何一つ罪を犯すことがない」という人はいません。もちろん犯罪を犯す人は少ないでしょうが，人の心を傷つけたり，人を裏切ったりすることは誰にでもあることです。もし，これからそんなことがあって，つらい気持ちになったら，目を背けることなく，人に責任をなすりつけることなく，みなさん自身がしっかり受け止めてください。「しまった。なんてことしてしまったんだろう」と反省してください。自分の罪に対してしっかり向き合うことができる人は強い人です。そして，人に優しくできるのだと思います。

(6) 展　開　例（2時間完了）

※1時間につき1つの資料を提示し，じっくりと話し合わせる。

学　習　活　動	指導上の留意点
（第1時） 1　資料1を読んで話し合う。	・読み終えた後，内容を一度簡単に要約して話す。
発問①　「『自分がいじめていた子に会って謝りたい』という，この女性の考えについてどう思いますか。」	
・謝らせてあげたい。 ・今さら「謝りたい」なんて虫がよすぎるのではないだろうか。	・女性の心のつらさを強調する。 ・ワークシートに書かせて発表させる。
発問②　「いじめられていた子は，『謝りたい』という女性の気持ちを聞いてどう思うでしょう。」	
・とてもうれしくなると思う。 ・昔のことを思い出して腹を立てる。 ・思い出したくないからあまり会いたくないのではないだろうか。	・ワークシートに書かせて話し合わせる。 ・生徒の発言に対して「なぜそう思うのか」と問い返し，考えを深めさせる。 ・「まだ恨んでいるのだろうか」「もう忘れてしまったのだろうか」などの補助発問を入れていく。
（第2時） 2　資料2を読んで話し合う。	・前時で話しあった結果を発表させてから資料を提示する。
発問③　「この女性はこれからどう生きていけばよいのでしょうか。」	
・ずっと後悔しながら生きていく。 ・手紙を送って謝る。 ・二度と他人にいやな思いをさせないように，人に優しくする。	・ワークシートに書かせて話し合わせる。 ・謝りたくても謝れず，ときどき思い出しては苦しみ続ける，この女性のこれからの人生を想像させる。
3　「誠実な生き方」について考える。 ・「自分の罪に対してしっかり向き合うことが大切である」という，教師の説話を聞く。	・授業の感想を書かせる。

(7) 評価のポイント

自分が犯した罪は忘れることなく向き合っていくことが大切であることに気づき，自分の人生をより誠実に生きていこうとする気持ちをもつことができたか。

［中学校　4―(6)・家族愛］

母がいてくれたからこそ……
―隻腕《せきわん》の剣士、中山彰《あきら》―

井上　貴昭

一九九三年（平成五年）春、高校入学のために宮崎から大阪に向かう私を見送ってくれる人たちで大きな人垣ができていました。

夜の十八時五分の寝台特急に乗り込み、窓越しにみんなを見ながら、私は無意識のうちに母を探し、この日初めて笑顔でいる母と目を合わせたのです。すると、今まで我慢してきた感情が、抑えきれなくなっていました。

「開けてくれ！」

夢中で叫び、窓を叩きながら大声を出して泣いていました。見送りの人たちも泣いていました。それでも母は笑顔で、凛《りん》として私を見守ってくれていたのです。

私は一九七七年（昭和五十二年）十二月八日、宮崎県のほぼ中央、日向灘《ひゅうがなだ》を臨む児《こ》湯《ゆ》郡新富町で生まれました。私の右腕は生まれたときからひじまでしかなく、そのことを聞かされた母は、これは何かの間違いだと号泣し、いつまでも涙が止まらなかったそうです。しかし、体全体で母親を求めている私の大きな産声《うぶごえ》を聞いて、

「ダメ。この子は私が育てなくてはダメ。何があってもがんばらなくては！」

と我に返り、この日から、母の闘いが始まったと聞いています。

私の剣道との出合いは、小学校一年生のときです。母の誘いで町の道場に顔を出したのがきっかけでした。道場での練習は厳しく、甘えは許されません。小学校一年生であろうが、片腕であろうが一切関係なく、相手に正々堂々と勝つことを目的として鍛えられました。最初は竹刀《しない》も振れず、傷だらけで家に帰り、剣道着のまま眠った日もありました。稽古《けいこ》での真剣さでは、だれにも負けない自信をもっていましたが、試

合では簡単に一本を取られてしまう毎日でした。そんな状況であっても、母からの優しい言葉などはありませんでした。

負けずぎらいで勝ち気だった私は、だれも見ていないところで独自の訓練を始め、左腕を鍛えました。ビールびんに砂を入れ、毎日何百回と挙げ、腕立て、懸垂、握力のトレーニング。右手がないのなら、そのぶん左腕を鍛えるしかない、そう決意したのです。すると、次第に試合で勝てるようになり、勝つ喜びや自信が芽生え、郡の剣道大会で五人抜きを果たすことができるようになったのです。でも、どこかで剣道ではないものにすがりたい……そんな気持ちもありました。

私が中学に入学する前、母に相談をしました。

「中学で野球がすごくやりたい。剣道をやめたらだめかな?」

自分との闘いに明け暮れ、傷だらけでいる剣道より、九人の仲間とプレーする野球のほうがずっと魅力がある、と感じていました。それに、剣道を通して体を鍛えていたために、スポーツは何でもこなせるようになっていて、水泳やバレーボールなども得意でしたし、野球は片腕で軽々とホームランをかっ飛ばすことができました。

母は、私の相談に対して少し間をおき、ニコリともせずに、

「野球がやりたいのならやってもいい。だけど、剣道をやめるんなら、おまえはもううちの子じゃないと思いなさい!」

激しい口調で一気にそう言ったのです。

私は、母の気迫に圧倒されてしまいました。でも、その母の言葉で、自分の中の剣道に対する気持ちに気づくことができたのです。

中学三年間では、全国大会に出場するまで実力を伸ばすことができ、片腕でありながらそのハンデを感じさせない強さと気迫が認められて、関西創価高校に入学が決まりました。高校進学後は、ほとんど母とは連絡していなかったのですが、「絶対に母ちゃんをインターハイに連れていく!」という思い一つで竹刀を握り、『三倍努力』を誓って厳しい練習に耐えてきました。

そして、高校三年の六月。部長としてチームを引っ張り、団体として大阪府代表のインターハイ出場を果たすことができました。

　大会終了後は真っ先に受話器に飛びついたのですが、

「どうだったの？」

と開口一番質問してくる母に、私はわざと沈んだ声で、

「実はなぁ……一回戦は勝つには勝ったんだけど……」

と、もったいつけて話し始めました。

「それから、次はなぁ……」

と延々決勝戦まで話し、最後に思いっきり明るい声で、

「母ちゃん！　勝ったんや！」

と叫んだのです。

　母は、受話器の向こうで、必死に泣くのをこらえているようでした。いつも厳しく、心を鬼にしている母からは想像できない姿です。

「よくがんばったね」

　沈黙のしばらく後に聞こえた、震えた母の声には、母親としての深い愛情がにじみ出ていました。私はその声に対して「ありがとう」の言葉しか出てきませんでした。


　「メーン、メン、メン、メン、メン、メーン」

　関西創価高校の剣道場で鳴り響く、私と生徒たちの掛け声。今、私は母校の関西創価高校の教師をしています。剣道部の顧問として、「絶対に勝つんだと決めて、自分なりの努力を一生懸命続けていける人になってほしい」という願いをもって、部員一人一人に目を配り、夜遅くまで稽古をつけています。

　今こうして剣道と向き合う生徒と接し、剣道を通して培われた自分を振り返るとき、あのころの母への想いがよみがえります。今の自分があるのは、母がいてくれたからこそ……そう感じるのでした。

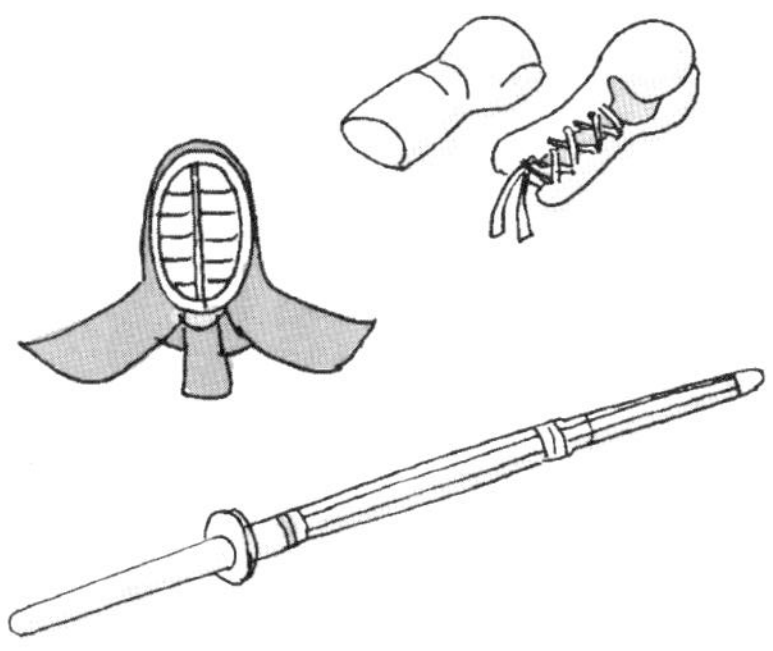

■ワークシート

母がいてくれたからこそ……—隻腕《せきわん》の剣士、中山彰《あきら》—

年　組　名前〔　　　　〕

①インターハイ出場の結果を母親に電話連絡して言った「ありがとう」の言葉には、どんな想いが込められているのでしょう。

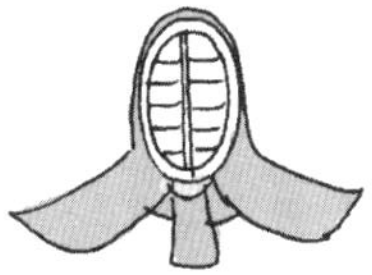

②家族へのメッセージを書こう。

学習指導案：母がいてくれたからこそ……―隻腕の剣士、中山彰―

⑴　**主題名**　　家族の絆

〔中学校　4－⑹・家族愛〕

⑵　**本時のねらい**

父母，祖父母と深い絆で結ばれていることに気づき，充実した家庭生活を築いていこうとする態度を育てる。

⑶　**本資料の概要**

右腕がヒジまでしかない状態で生まれてきた中山彰さんが，母校の関西創価高校の教師となった今，剣道を通して培われた自分の母への思いを振り返る。本資料は，そのときの内容を基にした資料である。

小学校 1 年生のとき，母の誘いで始めた剣道だが，左腕だけで竹刀を振らなければいけないため，傷だらけで帰ってくる日々が続く。稽古の真剣さだけはだれにも負けまい，と必死に踏ん張る中山さんだが，母からの優しい言葉はなかった。また，中山さんは中学に入学する前，「剣道を続けるのではなく，野球をやりたい」と母に相談した。しかし，母には剣道から逃げている中山さんの心を見透かされ，「剣道をやめるのなら，うちの子じゃない」と激しい口調で言われた。中山さんはこのとき，自分の中の剣道に対する気持ちに気づくのである。

関西創価高校入学のために出発する日に，言葉を交わさず笑顔で見送る母の姿や，高校インターハイ出場の報告の電話の中で，「よくがんばったね」と震えた母の声から，深く厳しい愛情を注いでくれた母の存在の大きさに気づくのである。

⑷　**本資料のよさ**

本資料には，左腕しかない状態で生まれてきた中山さんであるが，彼に対する母親の厳しさの中に含まれる深い愛情が，中山さん自身の目線から描かれている。

決して優しい言葉をかけず，すがりついてきた彰君を激しい口調で突っぱねる母親。そんな母親であるが，中山さんは深く厳しい愛情を注いでくれた母親の存在を大きく感じていた。関西創価高校入学のために故郷を離れる場面は親子の絆の強さを感じる。

高校の 3 年間は，母親を喜ばせたい一心で剣道を続け，インターハイ出場を決める。中山さんの「ありがとう」の言葉には，深い母親の愛情に対する感謝の気持ちを感じることができる。

⑸　本資料を生かした授業の工夫

①　本人の心情の変化からねらいに迫る。

本資料の主人公である中山さんは，母親の厳しい愛情に時に反発する時期を経て，困難を乗り越えていく。話し合いでは，困難を乗り越えられたのは，母親の深く厳しく強い愛情によるものだと最終的に自覚するという心情の変化からねらいに迫ることができるように，主として以下の場面に着目する。

・独自の訓練を続け，剣道で勝つ喜びや自信が芽生えてきたにもかかわらず，剣道ではないものにすがりたい，と思っている場面。
・「剣道をやめて野球がやりたい」と中学入学前に彰君が母親に相談したが，「剣道やめるのならうちの子じゃない」と強い口調で言われた場面。
・高校入学のために旅立つとき，笑顔でいる母親を見て，車内から「開けてくれ！」と夢中で叫んだ場面。
・インターハイ出場の結果を母親に電話連絡し，「よくがんばったね」と震える声で言ってくれた母親に対して，「ありがとう」という言葉しか出せなかった場面。

②　導入の段階で，事前アンケート等を提示して資料につなげる。

次のような項目で授業前にアンケートを行っておき，それを授業の導入で生かす。

・自分と家族との関係について考えたことがあるか。
・家族とはどのようなかかわりの人たちか。
・家族の一員としての役割とは何か。

③　保護者との連携により，保護者参画型の授業をつくる。

例えば，保護者に，学校公開日や授業参観日の授業に参画していただく方法が考えられる。終末などにおける保護者の説話も有効であると考える。

また，家族からの手紙を授業の中で活用することもできる。その場合，事前に生徒の家庭に依頼して，今まで育ててきたわが子への思いやこれからの成長に対する期待などを手紙に書いていただくようにする。

⑹ 展開例

学習活動	指導上の留意点
1　アンケートの結果を伝え，資料の内容に興味をもたせる。	・ねらいとする価値への意識づけができるようにする。
2　資料「母がいてくれたからこそ…」を読んで，家族の絆について考える。	
発問①　「剣道で勝つ喜びや自信が芽生えてきたにもかかわらず，剣道ではないものにすがりたい，と思ったのはなぜでしょう。」	
・剣道から逃げたいと思ったから。 ・団体競技で楽しくやりたいと思ったから。 ・母親から優しい言葉をかけてもらえなかったから。	・つらい思いをして続けてきた剣道から逃げたい気持ちがあったことにも気づくことができるようにする。
発問②　「母親に『剣道やめるのならうちの子じゃない』と強い口調で言われたとき，中山さんの心の内はどんなだったでしょう。」	
・何で剣道をやめてはいけないのだろう。 ・母ちゃんがここまで言うのだから，剣道を続けるしかない。	・野球に魅力を感じている想いと，母の言葉を通して気づいた剣道への想いの両面から考えさせる。
発問③　「（冒頭の）高校入学のために旅立つとき，車内から「開けてくれ！」と夢中で叫んだ中山さんは何に気づいたのでしょう。」	
・厳しさの裏側にあった母親の愛情。 ・厳しく育ててくれた母親の愛情の深さ。 ・深い母親の愛情に感謝する自分の気持ち。	・母親の愛情だけでなく，それに対する感謝の気持ちについても生徒なりの考えを深められるようにする。
発問④　「インターハイ出場の結果を母親に電話連絡して言った『ありがとう』の言葉には，どんな想いが込められているのでしょう。」	
・今の自分があるのは母のおかげ。 ・今まで育ててくれた母への感謝の気持ち。	・ワークシートに書かせる。
3　家族からの手紙を読み，「家族へのメッセージ」を書く。	・メッセージを書くことで，ねらいへの深化を図る。 ・それぞれの家庭の事情などへの配慮を欠かさないようにする。

⑺ 評価のポイント

父母や祖父母の無私の愛情について考えを深め，家族の一員としての自覚をもって生活しようという思いが高まったか。

［参考資料］

・浅野健治『隻腕の剣士　教壇に立つ』潮出版社
・草鹿　宏『母への賛歌（家族の物語Ⅱ）』潮出版社　から「中山京子さん」

グリーンファーザー
—杉山龍丸の果てしなき夢—

石黒　真愁子

「おじさん、助けて。私たちを助けて。」

一九六三年、インドの友人からの招きを受け、インドパンジャブ州に降りたった私に、親を失った何十人もの子どもたちがまとわりついてきた。つかんだ手をはなそうともせず、必死に訴《うった》えかけてくる。

当時、インドは三年も雨が降らず、四十度を超《こ》える気温の中で、人々は水も食べるものもなく、やっとの思いで生きていた。もうすでに五百万人もの人々が亡くなっていた。

「なんということだ。」

目の前には乾《かわ》いた砂地が広がり、灼熱《しゃくねつ》の太陽がジリジリと体につきささってくる。豊かな緑が広がる日本とはあまりにも違う光景だった。

私にしがみついてくる子どもたちの、もみじのような小さな手から、「私、生きたいの」という叫びが切々と伝わってくる。

「助けてやりたい。何としても。」

胸の底から激しい感情がわきおこってきた。私はただただ、この子どもたちの生命をつなぎとめたかった。その日から、私は自分にできることを考え続けた。

「一体どうしたらこの子たちを、そして、インドの人々を救えるようになるのだろう。」

砂漠化《さばくか》した土地で生きることを可能にする手立てはほとんどなかった。しかし、じっとしているわけにはいかない。次々とかけがえのない生命が奪《うば》われていく。

私はまず、手始めに、井戸を徹底《てってい》して調査してまわった。地層を調べるには深い井戸がよいからだ。暑さで何度も気を失いかけながら、地図もなく、情報もないこの土地のガンジス河沿岸の井戸を、一万箇所も調べてまわった。自分の足で歩き、この目で確かめることで、少しずつ土地の状況がわかってきた。

そんなある日、私は不思議なことに気がついた。牛が砂の上に寝転んでいるのだ。かろうじて生えている木の側《そば》は、木陰《こかげ》があって涼《すず》しいはずなのに、なぜか牛は砂の上に横たわっているのだ。

「そうだ。」

私はひらめいた。砂漠に水などあるはずもないと思っていたが、大地の下には地下水が流れているのかもしれないと。だから牛は、ひんやりとした砂の上に寝転んでいるのだ。早速、私は、ヒマラヤ山脈に平行して通っている国道沿いにユーカリの木を植えようと思った。ユーカリの木はオーストラリアの砂漠でも植えられている木で、三年～五年で数十メートルの高さにまでなり、その根は地中深く広がっていく。木々の根が地中で広がることで、木陰が地表からの水分の蒸発を防ぎ、地下の水流をせきとめ、地下の水位が上がるのではないかと思った。

しかし、この発想は学術的には証明されていなかった。そのうえ、インドの人たちも不思議そうに私を遠巻きに見るだけだった。私は孤独《こどく》だった。不安でいっぱいだった。「日本に帰ろうか」と何度も思った。

しかし、そうあきらめかけたとき、私の脳裏にはあるいたいけな少女の顔がよみがえってきた。それは、戦後、復員局で戦争に行った人々の安否情報を伝える仕事に就いていた時のことだった。ある少女の父親が戦争で亡くなり、私はそのことを少女に伝えなければならなかった。私が思い切って父親の亡くなったことを告げると、少女は、一滴《てき》の涙《なみだ》も流さずただ肩《かた》を震《ふる》わせて悲しみに耐《た》えていた。私はその少女のために何もしてあげることができず、ただ立ち尽《つ》くすだけだった。

そんな自分がはがゆくてしかたがなかった。その時から、私は、二度と子どもたちを悲しませはしないと心に誓《ちか》った。辛《つら》い思い出がよみがえり、私はくちびるをかみしめた。

「このまま終わるわけにはいかない」と、私は不安を振り払うように、わき目もふらず木を植え続けた。一本一本の木に生命をふきこみながら、願いをこめて。するとどうだろう、数年経つとユーカリの木々の間に緑が芽生え始めた。地下にたくわえられた恵みの水が奇跡《きせき》を起こしたのだ。その長さは八年間で四百五十キロメートルにも及んだ。

ところが、私の前にまたもや難題が立ちはだかった。緑化が広がり始めたころ、私のもとへシュワリックレンジという砂丘《さきゅう》を何とかしてほしいという依頼《いらい》が舞《ま》い込んできた。この丘は、高さ三百メートルから七百メートル、長さは日本がすっぽりと入るほどの三千キロメートルもあり、雨期には雨が降る度に土砂崩《どしゃくず》れを繰《く》り返していた。しかし、当時シュワリックレンジの土砂崩れを防ぐのは不可能といわれていた。これまでにも多くの学者が政府の依頼で訪れていたが、みな、さじを投げていた。

緑に覆《おお》われたシュワリックレンジ（写真提供：杉山満丸）

私はなんとかして、ここの土砂崩れを防ぎたかった。また悩《なや》み続ける日々が続いた。

（何とかならないだろうか。このままでは、みな、砂の下《した》敷《じ》きになってしまう。）

私は、インドの友人たちが「危険だ」と言って止めるのも聞かずに、何度も現地を訪れ、土地のありのままの姿をていねいに観察した。きっと解決の糸口があるはずだと信じていた。そして、あることに気がついた。

雨期に二～三か月で生長するサバダールという木が目にとまった。この木は、インドの人たちからは役にたたないと嫌《きら》われている雑草のような木である。しかし私は、この生命力の強い木の枝が、投げ込むだけで根が定着し、土砂が止まることを確認した。日本列島がすっぽりと入るほどの広大な丘に木を植えるのは、肉体的にも金銭的にもあまりにも膨大《ぼうだい》な計画であった。

現地の人々は、最初は私の話に、「信じられない」という顔をした。それでも私は、黙々《もくもく》と木を植え続けた。気の遠くなるような作業に私は挑み続けた。鎮守《ちんじゅ》の森をはじめとする豊かな森林に守られた日本とはあまりにも違《ちが》うこの土地を、きっと日本のような緑の大地に変えることができると、私は自分を信じた。お金も底をついてきた。私は九州にある自分の雑木林を切り売りしながら活動を続けた。

そして、ついにある日、私は木々が根付いたのに気がついた。

「やったぞ。」

インドの大地でたった一人私は泣き崩れた。涙がぽたぽたと小さな木の上にしたたり落ちた。長い間日本に残してきた妻や子どもの笑顔が浮かんでは消えた。私は土砂がとまったところにモリンガやユーカリの木を植えていった。次第に、砂地が緑に変わっていった。そして、緑は次々に丘の上を広がっていった。

そうした私の姿勢は、砂漠緑化に半信半疑だったインドの人々の心をもとかしていった。現地の人々は木を植え始め、植林の運動はインドパンジャブ州全域に広がっていった。そして、ついに私は所有する雑木林（約四万六千坪）のすべてを手放し、全財産（現在の価値で約百四十億円）を砂漠緑化につぎこんでいったのだ。それでも後悔《こうかい》はなかった。何よりもインドの人々の笑顔が、これまでの苦しみを忘れさせてくれた。

その後、二十年、私はインドの人々と砂漠緑化に挑《いど》み、その成果をオーストラリアでの国際砂漠学会で発表した。私は世界中の砂漠を緑の大地へと変えたかった。その願いを全身全霊《ぜんれい》を込めて訴えていった。

現在、杉山龍丸《すぎやまたつまる》がわが身を削って植えたユーカリの木は、すくすくと生長し、インド北部の大地には豊かな緑が広がっている。所々にはため池が生まれ、龍丸が台湾から持ち込んだ蓬莱米（ほうらいまい）さえも栽培されるようになった。干ばつに襲われた時からは想像もつかないほどの豊かさである。インドの人々は、彼のことを敬愛の思いを込め「グリーンファーザー」と呼んでいる。

国道の並木　インド　パンジャブ州（写真提供：杉山満丸）

■ワークシート

グリーンファーザー―杉山龍丸の果てしなき夢―

年　組　名前〔　　　　　　〕

①インドの状況を見て、杉山さんはどんなことを思ったでしょうか。

②決してあきらめることのなかった杉山さんの思いとは、どのようなものだったのでしょうか。

☆杉山さんの「思い」について友達と話し合ってみましょう。

③杉山さんの生き方を通して、感じたこと、考えたことを綴《つづ》ってみましょう。

学習指導案：グリーンファーザー―杉山龍丸の果てしなき夢―

⑴ 主題名　かけがえのない生命

〔中学校　3－⑴・生命の輝き　関連：4－⑽・国際理解　3－⑵・自然愛〕

⑵ 本時のねらい

かけがえのない自他の生命に目をむけ，互いにいつくしみ支え合って生きていこうとする姿勢を培う。

⑶ 本資料を生かした授業の工夫

この資料は，民間人でありながら，九州の自分の農園をすべて売却し，インド緑化のために一生を捧げた杉山龍丸さんの生き方を，息子さんの満丸さんからのインタビューをもとに資料化したものである。インドの人々は，杉山さんのことを，敬愛の思いを込めて「グリーンファーザー」と呼んでいる。砂漠緑化にかける杉山さんの思いは壮絶であった。杉山さんは，インドの人々の生命を救いたいという思いにとどまらず，すでに始まっている環境破壊から派生する地球の砂漠化をなんとしてもくいとめようと必死だった。しかし，思いなかばで脳溢血のために倒れ亡くなってしまった。杉山さんが他者の生命を救いたいという思いの引き金は，戦後，復員局で働いていたとき，小さな女の子にお父さんの戦死を告げたときの自分の無力さにある。杉山さんは，自分の知力をインド緑化に生かすことで，人命をも含む地球そのものを救おうとしたのである。

生徒には，杉山さんの生き方から，生命とは何か，自分には何ができるのか，自分は自然をも含む他者とのかかわりの中で，どう生きたらいいのかを考えさせるようにしたい。杉山さんの生き方を，単なる「すごい人」で終わらせることなく，無私の愛に裏打ちされた人間をも包括したすべての生命をいつくしむ生き方に深く迫るようにしたい。

① 新聞記事・地図の活用

導入で，現在，地球ではどのくらいの割合で砂漠化が進んでいるかを紹介し，話し合いの方向付けをする。また，日本は鎮守の森など豊かな自然に守られていることを確認する。

② 写真やビデオの活用

導入で砂漠化していたシュワリックレンジ丘陵の写真を提示し，後段で緑の大地に変貌をとげたシュワリックレンジの写真を拡大して掲示し比較する。実際に杉山さんが現地で働いている様子や，植林前とそれから数年後のインドの生活の様子のビデオを視聴する。

③　話し合いの工夫

発問の柱を多く立てず，広く多様な考えが引き出せるようにする。また，中心発問では，個々に考えた後，小集団による話し合いを行い，多様な考えを交換する。

④　「心のノート」や音楽の効果的活用

授業の終末場面で「心のノート」の詩「だれもが唯一無二の存在」を朗読する。その際，BGM を効果的に活用し，より心に訴えるよう工夫する。

⑤　他の教育活動との関連

関連価値として，世界の中の日本人としての自覚（4－⑽）や自然への畏敬の念（3－⑵）などが考えられる。総合的な学習の時間などにおける環境教育との関連が図れる。

⑷　展　開　例

学　習　活　動	指導上の留意点
1　砂漠化の現状を知る。	・写真や新聞記事，データなどを提示し，世界の現状を理解させるようにする。
2　資料「グリーンファーザー」を読んで考える。	・衝撃を受けた杉山さんの思いに十分共感させるようにする。
発問①　「インドの状況を見て，杉山さんはどのような思いを抱いたのでしょう。」	
・かわいそうだ。何とかしなくては。 ・一体自分に何ができるのだろう。	・大変な作業に対する不安や焦り，葛藤などを考えさせ，ワークシートに書かせる。
発問②　「不可能と言われていた3000kmもある丘陵の緑化を依頼されたとき，自分だったらどうするだろう。」	
・途中で無理だとあきらめるかもしれない。 ・後には絶対にひけない。	
発問③　「決してあきらめることのなかった杉山さんの思いとはどのようなものだったのでしょう。」	
・絶対にインドの人々を救いたい。 ・もう二度と子どもたちを悲しませたくない。	・辛くとも決してあきらめなかった杉山さんの思いをワークシートに書かせる。
3　友達と話し合い，杉山さんの生き方から感じたこと，考えたことを綴る。	・様々な思いに触れ，幅広い視点から考えたことをワークシートに書かせる。
4「心のノート」（p.72～73）を朗読する。	・BGMを活用する。余韻をもって終われるようオープンエンドとする。

⑸　評価のポイント

かけがえのない生命を大切に生きようとする姿勢が培われたか。

［参考資料］

・杉山満丸著『グリーン・ファーザー』ひくまの出版

■執筆者一覧

永田　繁雄（東京学芸大学教授）　第1部1

山田　　誠（筑波大学附属小学校教諭）　第1部2，3，第2部1

税田　雄二（福岡県那珂川町立安徳北小学校指導教諭）　第2部2

中野　敬一（北海道札幌市立太平小学校教諭）　第2部3

勝又　明幸（静岡県裾野市立千福が丘小学校教諭）　第2部4

星　　直樹（早稲田実業学校初等部教諭）　第2部5

増尾　敏彦（青森県おいらせ町立木ノ下小学校教諭）　第2部6

根本　洋子（茨城県稲敷市立阿波小学校教頭）　第2部7

中嶋　博子（東京都瑞穂町立瑞穂第二小学校主任教諭）　第2部8

齋藤　道子（東京都文京区立関口台町小学校副校長）　第2部9

野村　宏行（東京学芸大学附属大泉小学校教諭）　第2部10

林　　敦司（鳥取県鳥取市立美保小学校教諭）　第2部11

笹田　葉子（徳島県松茂町立松茂小学校教諭）　第2部12

藤井　隆之（埼玉県川越市立仙波小学校教諭）　第2部13

栗原　利夫＊（埼玉県羽生市立西中学校教頭）　第2部14

服部　　豊（愛知県名古屋市立植田南小学校教諭）　第2部15

井上　貴昭（埼玉県熊谷市立大幡中学校教諭）　第2部16

石黒　真愁子（埼玉県さいたま市立春岡小学校教頭）　第2部17

＊栗原利夫先生は編集協力者
（執筆順，所属は平成23年12月現在）

■編者紹介

永田　繁雄（ながた・しげお）

東京学芸大学教員養成カリキュラム開発研究センター教授。

1955年静岡県生まれ。東京学芸大学大学院修士課程修了。東京都内小学校教諭，東京都文京区教育委員会指導主事，平成14年 1 月より文部科学省初等中等教育局教科調査官（道徳担当）を経て，平成21年 4 月より現職。

主著に『魔法の教室』WAVE出版，『研究授業小学校道徳（低中高学年）』（共編著）明治図書，『道徳教育推進教師の役割と実際』（共編著）教育出版，『小学校新学習指導要領の授業・道徳実践事例集』（編著）小学館，ほか多数。

山田　　誠（やまだ・まこと）

筑波大学附属小学校教諭。

1959年東京都生まれ。明星大学人文学部心理教育学科卒業（専門は道徳教育）。東京都公立小学校教諭を経て，現職。NHK道徳教育番組『時々迷々』（中学年），『道徳ドキュメント』（高学年）番組委員を務める。

主著に『子どもの豊かさに培う共生・共創の学び（道徳編）』（共著）東洋館出版社，『NHK道徳ドキュメントモデル授業』（共編著）図書文化，『筑波発 道徳授業の改善』（共著）不昧堂出版，ほか多数。

実話をもとにした

道徳ノンフィクション資料

2012年 2 月 20 日　初版第 1 刷発行　　［検印省略］

2018年 2 月 10 日　初版第 7 刷発行

発 行 者　福富　泉

発 行 所　株式会社 図書文化社

〒112-0012　東京都文京区大塚1-4-15

TEL 03-3943-2511　FAX 03-3943-2519

http://www.toshobunka.co.jp/

イラスト　後藤憲二／恩田慶子

装　　幀　中濱健治

印 刷 所　株式会社 加藤文明社

製 本 所　株式会社 加藤文明社

乱丁本・落丁本はお取り替えいたします。定価はカバーに記載されています。

ISBN 978-4-8100-1606-2　C3037